Kauderwelsch
Band 103

Foto: DCN

Leuchtturm am Cabo Vilán
bei Camariñas

Impressum

Katharina Diestelmeier, David Casado-Neira
Galicisch — Wort für Wort
erschienen im Reise Know-How Verlag Peter Rump GmbH
Osnabrücker Str. 79, D-33649 Bielefeld
info@reise-know-how.de

2. neu bearbeitete und verbesserte Auflage 2016

Bearbeitung Michae Blümke
Layout Christine Schönfeld
Layout-Konzept Günter Pawlak, FaktorZwo! Bielefeld
Umschlag Peter Rump (Titelfoto: David Casado-Neira)
Kartographie Cathérine Raisin
Fotos David Casado-Neira
Druck und Bindung Werbedruck GmbH Horst Schreckhase, Spangenberg

ISBN: 978-3-8317-6470-9
Printed in Germany

Wer im Buchhandel kein Glück hat, bekommt unsere Bücher zuzüglich Porto- und Verpackungskosten auch direkt über unseren Internet-Shop: ***www.reise-know-how.de***

Die Internetseiten mit Aussprachebeispielen und der Zugriff auf diese über QR-Codes sind eine freiwillige, kostenlose Zusatzleistung des Verlages. Der Verlag behält sich vor, die Bereitstellung des Angebotes und die Möglichkeit der Nutzung zeitlich und inhaltlich zu beschränken. Der Verlag übernimmt keine Garantie für das Funktionieren der Seiten und keine Haftung für Schäden, die aus dem Gebrauch der Seiten resultieren. Es besteht ferner kein Anspruch auf eine unbefristete Bereitstellung der Seiten.

Der Verlag möchte die **Reihe Kauderwelsch** weiter ausbauen und **sucht Autoren!** Mehr Informationen finden Sie unter ***www.reise-know-how.de/rkh_mitarbeit.php***

Kauderwelsch

Katharina Diestelmeier,
David Casado-Neira

Galicisch

Wort für Wort

Kauderwelsch heißt:

- Schnell mit dem **Sprechen** beginnen, auch wenn nicht immer alles korrekt ist.
- Von der **Grammatik** wird nur das Wichtigste in einfachen Worten erklärt.
- Alle Beispielsätze werden doppelt ins Deutsche übertragen: erst **Wort-für-Wort,** dann in normales Deutsch. Die Wort-für-Wort-Übersetzung hilft, die neue Sprache schneller zu durchschauen, außerdem lassen sich dadurch leichter einzelne Wörter im fremdsprachigen Satz austauschen.
- Es geht um die **Alltagssprache,** also das, was man tatsächlich auf der Straße hört.
- Die **Autoren** sind entweder Reisende, die die Sprache im Land selbst gelernt haben oder Muttersprachler.

Kauderwelsch-Sprachführer sind keine Lehrbücher, aber viel mehr als traditionelle Reisesprachführer. Wer ein wenig Zeit investiert, einige Vokabeln lernt und die Sprache im Land anwendet, wird **Türen öffnen,** ein Lächeln ins Gesicht zaubern und reichere Erfahrungen machen.

Talk to each other!

Kauderwelsch und noch viel mehr:

www.reise-know-how.de

- **Immer** und **überall** bequem in unserem Shop einkaufen
- Mit **Smartphone, Tablet** und **Computer** die passenden Reisebücher und Landkarten finden
- **Downloads** von Büchern, Landkarten und Audioprodukten
- Alle **Verlagsprodukte** und **Erscheinungstermine** auf einen Klick
- **Online** vorab in den Büchern **blättern**
- Kostenlos **Informationen, Updates** und **Downloads** zu weltweiten Reisezielen abrufen
- **Newsletter** anschauen und abonnieren
- Ausführliche **Länderinformationen** zu fast allen Reisezielen

BACK to the ROAD mit Reise Know-How

Inhalt

Foto: DCN

Altes Bauernhaus

Vorwort

In der nordwestlichen Ecke der Iberischen Halbinsel gelegen, ist Galicien ein Landstrich, in dem es viel zu entdecken gibt. Schon seit dem Mittelalter ist Santiago de Compostela Ziel der Pilger, die auf dem Jakobsweg Nordspanien durchqueren. Heutige Reisende haben viele Möglichkeiten, Galicien auch außerhalb seiner berühmten Hauptstadt kennenzulernen.

Mit einigen grundlegenden Galicisch-Kenntnissen wird Ihnen das Reisen auf eigene Faust leichter fallen. Sie können sich in alltäglichen Situationen besser zurechtfinden, dem Land näherkommen und sich mit seinen Bewohnerinnen und Bewohnern verständigen: mit Ihrem Nebenmann im Bus oder Zug, oder wenn Sie in einem Dorf nach dem Weg fragen.

Mit diesem Kauderwelsch-Sprachführer wollen wir Ihnen den Einstieg ins Galicische ermöglichen. Eine kurze Einführung in die Grammatik und die wichtigsten Sätze für verschiedene Gesprächssituationen sollen Ihnen helfen, einfache Unterhaltungen zu führen. Wir können Ihnen zwar so die Regenschauer in Galicien nicht ersparen, aber vielleicht dazu beitragen, dass sie einen angenehmen Aufenthalt dort haben.

Hinweise zur Benutzung

Der Kauderwelsch-Band „Galicisch" ist in drei Abschnitte gegliedert:

Grammatik

Die **Grammatik** ist sehr kurz gehalten und beschränkt sich auf die wichtigsten Regeln, die für eine Unterhaltung nötig sind. Besonders komplizierte Konstruktionen oder Unregelmäßigkeiten wurden weggelassen, da sie am Anfang eher verwirren und oft für erste Gespräche gar nicht nötig sind.

Konversation

Der **Konversationsteil** ist nach Themen geordnet. Dort finden Sie Vorschläge für Sätze, die in der jeweiligen Situation geeignet sind, und Wörterlisten, mit deren Hilfe Sie die Sätze ergänzen können.

Wort-für-Wort-Übersetzung

Die Wort-für-Wort-Übersetzung soll Ihnen helfen, selbst Sätze zu bilden. Sie steht zwischen dem galicischen Satz und der „richtigen" deutschen Übersetzung und entspricht genau der galicischen Wortfolge. So können Sie die Struktur des Originalsatzes erkennen und je nach Bedarf einzelne Elemente verändern. Wird ein galicisches Wort durch zwei oder mehr deutsche Wörter übersetzt, werden diese in der Wort-für-Wort-Übersetzung mit einem Bindestrich verbunden:

Quero un café/un té.
(ich-)will ein Kaffee/ein Tee
Ich möchte einen Kaffee/einen Tee.

Werden in einem Satz mehrere Wörter angegeben, die man untereinander austauschen kann, steht ein Schrägstrich zwischen diesen. Der Schrägstrich in den Beispielsätzen kennzeichnet mögliche Alternativen, z. B. wie hier beim Vokabular, oder die männliche und weibliche Endung eines Wortes. Drei Punkte weisen darauf hin, dass z. B. ein Name oder ein Wort aus der Wörterliste ergänzt werden muss:

Fassen Sie die Beispiele des Konversationsteils als Anregungen auf, und haben Sie den Mut, selbst Sätze zu bilden und einfach mal was auszuprobieren.

Canto custa ...?
Wieviel kostet ...?

Wörterlisten

Die **Wörterlisten** am Schluss des Buches umfassen ca. 1000 Wörter Deutsch-Galicisch und Galicisch-Deutsch, mit denen man schon eine ganze Menge anfangen kann.

Umschlagklappe

Die Umschlagklappe hilft, die wichtigsten Sätze und Formulierungen stets parat zu haben. Aufgeklappt ist der Umschlag eine wesentliche Erleichterung, da nun die gewünschte Satzkonstruktion mit dem entsprechenden Vokabular aus den einzelnen Kapiteln kombiniert werden kann.

Wenn alles nicht mehr weiterhilft, dann ist vielleicht das Kapitel „Nichts verstanden? – Weiterlernen!" der richtige Tipp: ebenfalls im Umschlag und stets bereit, mit der richtigen Formulierung für z. B. „Ich habe leider nicht verstanden." oder „Wie bitte?" auszuhelfen.

Seitenzahlen
Um Ihnen den Umgang mit den Zahlen zu erleichtern, ist auf jeder Seite die Seitenzahl auch auf Galicisch angegeben!

Land und Sprache

Galicien ist sehr vielseitig, auch und vor allem landschaftlich: im Westen und Norden der Atlantik mit den rías, Stränden und der Steilküste, relativ dicht besiedelt. Im Landesinneren Felder und Wiesen oder karge Berglandschaft mit geringer Bevölkerungsdichte. Auch das Klima ist dementsprechend unterschiedlich: im Landesinneren sind die Sommer ziemlich heiß und die Winter kalt, vor allem in den Bergen schneit es. Generell ist das Klima Galiciens allerdings gemäßigt, mit recht geringen Temperaturunterschieden und dem ganzjährig (vor allem aber in Herbst und Winter) auftretenden berühmt-berüchtigten Regen, dem Galicien seine sehr grüne Landschaft verdankt. Hier und da finden sich Spuren der Kelten - Hünengräber und die „castros" mit ihren charakteristischen Rundhütten - auf die sich auch die aktuelle galicische Kultur gerne bezieht.

Der Tourismus spielt in Galicien verglichen mit anderen Gegenden Spaniens eine nicht ganz so große Rolle und konzentriert sich vor allem auf die Sommermonate und dann auf die Strände der Rías Baixas und auf Santiago. Große Anziehungskraft übt natürlich auch der Jakobsweg aus, der von Frankreich kommend bis nach Santiago führt. Seit Jahrhunderten ist die Stadt des Heiligen Jakob neben Rom eine der wichtigsten Pilgerstätten Europas.

Das Galicische ist eine romanische Sprache und sowohl dem Portugiesischen als auch dem Spanischen nah verwandt:

Galicisch	Portugiesisch	Spanisch	
vaca	vaca	vaca	*Kuh*
rúa	rua	calle	*Straße*
vaso	copo	vaso	*Glas*
labrega	camponesa	campesina	*Bäuerin*

Ursprünglich mit dem Portugiesischen eine Einheit bildend (galego-portugués), erlebte es im Mittelalter eine kulturelle Blütezeit. Mit der Ausbildung eines zentralistischen Staates unter kastilischer Herrschaft im 15. Jahrhundert wird jedoch Kastilisch (Spanisch) einzige offizielle Sprache. Im neu entstandenen Staat Portugal entwickelt sich das Portugiesische weiter, während das Galicische für Jahrhunderte aus dem kulturellen Leben verschwindet. Im 19. Jahrhundert erlebt es einen Wiederaufschwung, dem durch die Diktatur Francos ab 1939 jedoch wieder ein Ende gemacht wird. Franco verbietet das Galicische in der Öffentlichkeit, in der Schule wird ausschließlich Spanisch gelehrt.

Da Galicisch bis heute vor allem in ländlichen Gegenden gesprochen wird, gleichzeitig Spanisch als Sprache der Städte und der Kultur galt, wurde es nie so richtig für voll genommen. So kann es auch heute noch passieren, dass jemand, der zu Hause und in seinem täglichen Umfeld Galicisch spricht, beim Arzt plötzlich auf Spanisch umschaltet, da er es ja mit einem Fremden zu tun hat.

Erst seit dem Tod Francos 1975 gewinnt das Galicische wieder mehr und mehr an Bedeutung, hat allerdings mit Problemen zu kämpfen: ein Großteil der Bevölkerung spricht zwar Galicisch, viele ältere Leute haben aber Schwierigkeiten, es zu lesen oder zu

Karte von Galicien

Vielleicht wird man auch Ihnen zunächst auf Spanisch antworten, wenn Sie jemanden auf Galicisch ansprechen, da es unfassbar scheint, dass ein Ausländer oder eine Ausländerin Galicisch und nicht Spanisch spricht. Lassen Sie sich aber nicht entmutigen!

schreiben, weil sie darin nur auf Spanisch unterrichtet wurden.

Die Mehrzahl der Galicier(innen) ist heutzutage jedoch stolz auf die eigene Sprache. Allgemein wird sehr viel Galicisch gesprochen, auch in den Städten, wo vor allem jüngere Leute bewusst die galicische Sprache benutzen. Rechtlich hat es den gleichen Status wie Spanisch: beide sind gleichrangige Amtssprachen in Galicien. Außer in Galicien wird auch in einigen Gebieten im Westen Asturiens und im Bierzo, im Westen Leóns, Galicisch gesprochen.

Aussprache und Betonung

Grundsätzlich gilt, dass alle geschriebenen Buchstaben auch gesprochen werden. Lassen Sie sich also nicht dazu verleiten, wie z. B. im Französischen Endungen wegzulassen o. ä.

Selbstlaute (Vokale)

a	casa (Haus)	wie in „Wasser"
e	mesa (Tisch)	wie in „Messer"
i	viño (Wein)	wie in „Kissen"
o	coche (Auto)	wie in „Koffer"
u*	zume (Saft)	wie in „Mutter"

Es gibt im Galicischen keine langen Vokale, nur kurze. Ein a wird also immer wie in „Wasser" ausgesprochen, nie wie in „Maler"!

*u wird in einigen Kombinationen gar nicht gesprochen, nämlich wenn es nach g und vor e oder i steht, z. B. guerra (Krieg), gesprochen „gerra", guitarra (Gitarre), gesprochen „gitarra".

ü kommt selten vor und steht vor e und i, wenn das u doch gesprochen werden soll, aber als „u" (und NICHT als „ü"), z. B. bilingüe (zweisprachig).

Wichtig ist noch, dass jeder Vokal einzeln ausgesprochen wird, also z. B. ie nicht wie im Deutschen als langes „i", oder ue nicht wie im Deutschen als Umlaut „ü", sondern jeweils beide Vokale für sich aussprechen, z. B. cliente (Kunde/Kundin), tenue (sanft). Aufpassen auch bei der Kombination ei, die nicht wie im Deutschen „ei" oder „ai" gesprochen wird, sondern etwa „äi", z. B. peite (Kamm).

Mitlaute (Konsonanten)		
	Aussprache	**Beispiel**
b	etwas weicher und offener als das deutsche „b"(galicisch b ist der gleiche Laut wie galicisch v!)	**barco** (Boot)
c	vor a, o, u wie „k"	**cama** (Bett) **costa** (Küste) **culler** (Löffel)
	vor e, i wie engl. th in „**th**ing"	**cea** (Abendessen), **cidade** (Stadt)
ch	wie „tsch" in „Ma**tsch**"	**chuvia** (Regen)
h	wird gar nicht gesprochen, ist stumm	**hora** (Stunde, Uhrzeit), gesprochen „ora"
ll	wie „lj" in „a**llj**ährlich"	**muller** (Frau)
nh	wie „ng" in „hä**ng**en"	**unha** (eine)
ñ	wie „nj"	**mañá** (Morgen)
qu	wie „k"	**querer** (wollen)
r/rr	„Zungen-r", nicht wie im Deutschen im Hals gebildet, sondern mit der Zungenspitze gerollt, entweder einfach (caro) oder stärker (arroz); ein einfaches r	**caro** (teuer) **arroz** (Reis)
	am Wortanfang und -ende und nach Konsonanten wird wie rr gesprochen	**roupa** (Kleidung) **cru** (roh)
s	immer stimmlos, wie „ß"	**si** (ja)
v	immer stimmhaft (wie in „**V**ase"), aber etwas geschlossener als das deutsche „v"; galicisch v ist der gleiche Laut wie galicisch b	**vaso** (Glas)
x	in der Regel wie „sch", in einigen Fällen aber auch wie dt. „x",	**peixe** (Fisch)
	letzteres kommt vor allem in (lat.) Fremdwörtern vor	**taxi** (Taxi) **excursión** (Ausflug)
z	wie engl. „th": **zapato** (Schuh)	

Betonung

Endet ein Wort auf einen Konsonanten (außer s und n), wird es auf der letzten Silbe betont: hotel (Hotel), arroz (Reis); endet es auf einen Vokal oder auf s oder n, auf der vorletzten Silbe: mesa (Tisch), lapis (Bleistift), axudan (sie helfen). Bei allen Ausnahmen von dieser Regel wird die betonte Silbe durch Akzent gekennzeichnet: canción (Lied); außerdem kann ein Akzent stehen, um zwei ansonsten gleich geschriebene Wörter mit unterschiedlicher Bedeutung voneinander zu unterscheiden: e (und) und é (er/sie ist).

Ein kurzer Hinweis zur Rechtschreibung: Außer am Satzanfang und bei Eigennamen wird alles klein geschrieben.

Demo zum galicischen Nationalfeiertag am 25. Juli

Foto: DCN

Wörter, die weiterhelfen

Wenn man eine unbestimmte Sache sucht, fragt man:

Onde hai ...? – Wo gibt es ... ?

Onde hai unha pensión?
wo (es-)gibt eine Pension
Wo gibt es hier eine Pension?

Onde hai un supermercado?
wo (es-)gibt ein Supermarkt
Wo gibt es hier einen Supermarkt?

un hospital	ein Krankenhaus
un taxi	ein Taxi
unha farmacia	eine Apotheke
un restaurante	ein Restaurant
un banco	eine Bank

Sucht man etwas Konkretes, fragt man:

Onde está ...? – Wo ist ... ?

Onde está a pensión Pepa?
wo ist die Pension Pepa
Wo ist die Pension Pepa?

Onde está o servizo?
wo ist der Toilette
Wo ist die Toilette?

a estación de tren	der Bahnhof
o aeroporto	der Flughafen
Correos	die Post
a comisaría	die Polizei
a embaixada	die Botschaft

Hai ...? – Gibt es ... ?

Um zu wissen, ob es in einem Laden oder Restaurant eine bestimmte Sache gibt, fragt man:

Hai pan?
(es-)gibt Brot
Gibt es Brot?

Hai viño?
(es-)gibt Wein
Gibt es Wein?

Hai auga?
(es-)gibt Wasser
Gibt es Wasser?

Hai sobres?
(es-)gibt Briefumschläge
Gibt es Briefumschläge?

Quero ... – Ich möchte ...

Mit quero bittet man um eine Sache, von der man bereits weiß, dass es sie gibt. Man kann damit auch ausdrücken, was man tun will:

Quero un xeado.
(ich-)will ein Eis
Ich möchte ein Eis.

Quero pagar.
(ich-)will bezahlen
Ich möchte bezahlen.

Canto custa ...? – Was kostet ...?

Canto custa isto?
wieviel (es-)kostet das
Was kostet das hier?

Canto custa a entrada?
wieviel (es-)kostet die Eintritt
Was kostet der Eintritt?

Hauptwörter und Artikel

Die Hauptwörter können männlich oder weiblich sein und in Einzahl oder Mehrzahl auftreten. Es gibt bestimmte und unbestimmte Artikel, die entsprechend auch männlich oder weiblich sind und in der Einzahl oder Mehrzahl stehen:

weiblich

best.	**a muller**	die Frau
Artikel	**as mulleres**	die Frauen
unbest.	**unha muller**	eine Frau
Artikel	**unhas mulleres**	einige Frauen

männlich

best.	**o home**	der Mann
Artikel	**os homes**	die Männer
unbest.	**un home**	ein Mann
Artikel	**uns homes**	einige Männer

Es gibt keine feste Regel, nach der man erkennen kann, ob ein Hauptwort männlich oder weiblich ist. Daher empfiehlt es sich, immer gleich den Artikel mitzulernen, der darüber Aufschluss gibt. Als kleiner Anhaltspunkt gilt aber: Hauptwörter, die auf -a enden, sind in der Regel weiblich, endet ein Substantiv auf -o, ist es normalerweise männlich:

a auga (w)	das Wasser
o asento (m)	der Sitzplatz

Mehrzahl

Die Mehrzahl der Artikel und Hauptwörter wird in der Regel durch Anhängen von -s gebildet:

a estrada	die Landstraße
as estradas	die Landstraßen
o can	der Hund
os cans	die Hunde

Endet das Hauptwort auf -l, -r, -s, -z, wird -es angehängt:

o val	das Tal
os vales	die Täler
o mar	das Meer
os mares	die Meere
o mes	der Monat
os meses	die Monate
a luz*	das Licht
as luces*	die Lichter

** Bei Wörtern, die auf -z enden, wird dieses in der Mehrzahl zu -c.*

Bei Hauptwörtern, die mehr als eine Silbe haben und auf -l enden, wird das Endungs-l zu -is:

o papel	das Papier
os papeis	die Papiere

Dieses und Jenes

Um sich auf eine bestimmte Sache zu beziehen oder nach etwas zu fragen, dessen Namen man nicht kennt, kann man die hinweisenden Fürwörter isto (dieses, das hier) und aquilo (jenes, das dort) benutzen, die aber immer allein, also nie vor einem Hauptwort stehen:

Como se chama isto?	**Que é aquilo?**
wie sich nennt dieses	*was ist jenes*
Wie heißt das hier?	Was ist das da hinten?

Es gibt aber auch hinweisende Fürwörter, die sich auf ein Hauptwort beziehen und dann wie dieses entweder männlich oder weiblich sind und in Einzahl oder Mehrzahl stehen:

weiblich

esta muller	diese Frau
estas mulleres	diese Frauen
aquela muller	jene Frau
aquelas mulleres	jene Frauen

männlich

este home	dieser Mann
estes homes	diese Männer
aquel home	jener Mann
aqueles homes	jene Männer

Eigenschafts- und Umstandswörter

Eigenschaftswörter können in Sätzen mit den Verben ser (sein) und estar (sein) erscheinen oder zusammen mit Hauptwörtern (in diesem Fall immer nachgestellt).

A película é boa.	**unha película boa**
die Film ist gute	*eine Film gute*
Der Film ist gut.	ein guter Film
O can é vello.	**un can vello**
der Hund ist alt	*ein Hund alt*
Der Hund ist alt.	ein alter Hund

Die Eigenschaftswörter sind von den Hauptwörtern abhängig und richten sich in Geschlecht und Zahl nach diesen. Die Mehrzahlbildung erfolgt wie bei den Hauptwörtern (s. o.), die weibliche Form wird je nach der männlichen Endung gebildet: -o und -án wird durch -a bzw. -á ersetzt, -és wird zu -esa.

männlich	weiblich
o paquete pequeno	**a rúa pequena**
der Paket klein	*die Straße kleine*
das kleine Paket	die kleine Straße
un home ancián	**unha muller anciá**
ein Mann alt	*eine Frau alte*
ein alter Mann	eine alte Frau

un amigo portugués
ein Freund portugiesisch
ein portugiesischer Freund

unha amiga portuguesa
eine Freundin portugiesische
eine portugiesische Freundin

Die Eigenschaftswörter, die auf -l, -r, -z oder -e enden, sind unveränderlich, also in der männlichen und weiblichen Form gleich:

o ceo azul
der Himmel blau
der blaue Himmel

a camisa azul
die Hemd blau
das blaue Hemd

wichtige Eigenschaftswörter und Farben

barato/a	billig
caro/a	teuer
ledo/a	fröhlich
triste	traurig
claro/a	hell
escuro/a	dunkel
frío/a	kalt
quente	warm, heiß
pequeno/a	klein
grande	groß
curto/a	kurz
longo/a	lang
novo/a	neu, jung
vello/a	alt
malo/a	schlecht

bo/boa	gut
lindo/a	schön
feo/a	hässlich
moito/a	viel
pouco/a	wenig
azul	blau
vermello/a	rot
amarelo/a	gelb
negro/a	schwarz
verde	grün
branco/a	weiß
marrón	braun
gris	grau

Durch Umstandswörter (Adverbien) werden im Gegensatz zu den Eigenschaftswörtern (Adjektive) nicht Hauptwörter näher bezeichnet, sondern Tätigkeitswörter:

Helena ist eine gute Schwimmerin.= Adjektiv
Helena schwimmt gut.= Adverb

Wichtige Umstandswörter sind: ben (gut), mal (schlecht) und – vorgestellt – normalmente (normalerweise). Sie sind unveränderlich.

Helena nada ben.
Helena schwimmt gut
Helena schwimmt gut.

Daniel baila mal.
Daniel tanzt schlecht
Daniel tanzt schlecht.

Normalmente bebemos café.
normalerweise (wir-)trinken Kaffee
Normalerweise trinken wir Kaffee.

Steigern und Vergleichen

Die Adjektive werden im Galicischen folgendermaßen gesteigert:

grande	**máis grande**	**o/a máis grande**
groß	*mehr groß*	*der/die mehr groß*
groß	größer	der/die größte

Aquela praza é grande,
jene Platz ist groß,
Der Platz da hinten ist groß,

aqueloutra é máis grande,
jene-andere ist mehr groß,
der andere da ist größer,

pero esta é a praza máis grande de todas.
aber diese ist die Platz mehr groß von alle
aber dieser ist der größte Platz von allen.

Will man eine Sache mit einer anderen vergleichen, benutzt man máis ... cá (mehr als), menos ... cá (weniger als) oder tan ... coma (so wie):

Ela é máis altá cá el.
sie ist mehr große als er
Sie ist größer als er.

Esta casa é menos linda cá aquela.
diese Haus ist weniger schöne als jene
Dieses Haus ist weniger schön als jenes.

Esta praia é tan pequena coma a outra.
diese Strand ist so kleine wie die andere
Dieser Strand ist genauso klein wie der andere.

Unregelmäßig sind die beiden folgenden Steigerungsformen:

bo/boa	gut
mellor	besser
o/a mellor	der/die beste

malo/a	schlecht
peor	schlechter
o/a peor	der/die schlechteste

Die dritte Steigerungsstufe (Superlativ) der Eigenschaftswörter kann auch gebildet werden, indem man -ísimo/a anhängt:

Este restaurante é carísimo.
dieser Restaurant ist teuerst
Dieses Restaurant ist sehr teuer.

Besitzanzeigende Fürwörter

Die besitzanzeigenden Fürwörter stehen immer mit Artikel und sind je nach dem „Besitz", auf den sie sich beziehen, männlich oder weiblich und stehen in Einzahl oder Mehrzahl:

Einzahl	männlich	weiblich
mein(e)	**o meu**	**a miña**
dein(e)	**o teu**	**a túa**
sein(e)/ihr(e)	**o seu**	**a súa**
unser(e)	**o noso**	**a nosa**
euer(e)	**o voso**	**a vosa**
ihr(e)	**o seu**	**a súa**

Mehrzahl	männlich	weiblich
mein(e)	**os meus**	**as miñas**
dein(e)	**os teus**	**as túas**
sein(e)/ihr(e)	**os seus**	**as súas**
unser(e)	**os nosos**	**as nosas**
euer(e)	**os vosos**	**as vosas**
ihr(e)	**os seus**	**as súas**

o noso coche
der unser Auto
unser Auto

os vosos mapas
die eure Landkarten
eure Landkarten

a miña amiga
die meine Freundin
meine Freundin

as túas toallas
die deine Handtücher
deine Handtücher

Persönliche Fürwörter

Normalerweise werden die persönlichen Fürwörter einfach weggelassen, da man die Person an der Endung des Verbs erkennt (siehe auch Kapitel „Tätigkeitswörter“).

eu	ich
ti	du
el / ela	er/sie
vostede	Sie (Ez.)
nós	wir
vós	ihr
eles / elas	sie (Mz.)
vostedes	Sie (Mz.)

Nur wenn Verwechslungen möglich sind oder wenn die Person besonders betont werden soll, steht das persönliche Fürwort:

Son eu.
bin ich
Ich bin's.

Tätigkeitswörter (Verben)

Man kann die Verben in drei Gruppen einteilen. Die Grundform (Infinitiv) endet auf:

-ar:	**falar** (reden)
	viaxar (reisen)
-er:	**entender** (verstehen)
	comer (essen)
-ir:	**abrir** (öffnen)
	decidir (entscheiden)

Die regelmäßigen Verben werden in der Gegenwart so gebeugt:

fal-ar reden

fal-o	ich rede
fal-as	du redest
fal-a	er/sie redet
fal-amos	wir reden
fal-ades	ihr redet
fal-an	sie reden

entend-er verstehen

entend-o	ich verstehe
entend-es	du verstehst
entend-e	er/sie versteht
entend-emos	wir verstehen
entend-edes	ihr versteht
entend-en	sie verstehen

abr-ir öffnen

abr-o	ich öffne
abr-es	du öffnest
abr-e	er/sie öffnet
abr-imos	wir öffnen
abr-ides	ihr öffnet
abr-en	sie öffnen

Das Verb steht im einfachen Aussagesatz nach der Satzaussage und vor der Satzergänzung (also wie im Deutschen):

Marta fala galego.
Marta spricht Galicisch.

Xavier come un bocadillo.
Xavier isst ein Brötchen.

Ist die Satzaussage ein persönliches Fürwort (z. B. ich, du, wir ...), kann dieses einfach weggelassen werden; die Person erkennt man an der Endung des Verbs:

Entendo todo.
Ich verstehe alles.

Abren a botella.
Sie öffnen die Flasche.

Ein Verb wird verneint, indem man non voranstellt:

Marta non fala galego.
Marta nicht spricht Galicisch
Marta spricht nicht Galicisch.

Xavier non come un bocadillo.
Xavier nicht isst ein Brötchen
Xavier isst kein Brötchen.

Non entendo todo.
nicht (ich-)verstehe alles
Ich verstehe nicht alles.

Non abren a botella.
nicht (sie-)öffnen die Flasche
Sie öffnen die Flasche nicht.

Die Höflichkeitsform wird gebildet mit vostede / vostedes und der dritten Person des Verbs (entweder Einzahl oder Mehrzahl):

Vostede fala ben alemán.
Sie spricht gut Deutsch
Sie sprechen gut Deutsch. (= eine Person)

Vostedes falan ben alemán.
Sie sprechen gut Deutsch
Sie sprechen gut Deutsch.
(= mehrere Personen)

Leider gibt es auch eine Reihe unregelmäßiger Verben. Hier die wichtigsten:

dicir sagen

digo	ich sage	**dicimos**	wir sagen
dis	du sagst	**dicides**	ihr sagt
di	er/sie sagt	**din**	sie sagen

facer machen, tun

fago	ich mache	**facemos**	wir machen
fas	du machst	**facedes**	ihr macht
fai	er/sie macht	**fan**	sie machen

ir gehen

vou	ich gehe	**imos**	wir gehen
vas	du gehst	**ides**	ihr geht
vai	er/sie geht	**van**	sie gehen

saber wissen

sei	ich weiß	**sabemos**	wir wissen
sabes	du weißt	**sabedes**	ihr wisst
sabe	er/sie weiß	**saben**	sie wissen

ter haben

teño	ich habe	**temos**	wir haben
tes	du hast	**tedes**	ihr habt
ten	er/sie hat	**teñen**	sie haben

ver sehen

vexo	ich sehe	**vemos**	wir sehen
ves	du siehst	**vedes**	ihr seht
ve	er/sie sieht	**ven**	sie sehen

vir kommen

veño	ich komme	**vimos**	wir kommen
vés	du kommst	**vides**	ihr kommt
vén	er/sie kommt	**veñen**	sie kommen

estar / ser

Im Galicischen gibt es zwei Verben für das deutsche Verb „sein“: estar und ser.

estar	ser	sein
estou	son	ich bin
estás	es	du bist
está	é	er/sie ist
estamos	somos	wir sind
estades	sodes	ihr seid
están	son	sie sind

Beide Verben werden unterschiedlich benutzt: ser bezeichnet in der Regel feste, unveränderliche Eigenschaften und steht außerdem mit Mengenangaben und Berufen:

Somos alemáns.
(wir-)sind Deutsche
Wir sind Deutsche.

É alta.
(sie-)ist groß
Sie ist groß.

Son cinco.
(sie-)sind fünf
Sie sind fünf.

Petra é carteira.
Petra ist Briefträgerin
Petra ist Briefträgerin.

estar bezeichnet dagegen vorübergehende, veränderliche Zustände, außerdem benutzt man es für Ortsbeschreibungen:

Estou triste.
(ich-)bin traurig
Ich bin traurig.

A rúa está preto.
die Straße ist nah
Die Straße ist in der Nähe.

Die Unterscheidung ist wichtig, da manchmal Bedeutungsunterschiede davon abhängen:

Ela é lista.
Sie ist klug.

Ela está lista.
Sie ist fertig.

estar a + Infinitiv

Bedeutet in etwa: gerade dabei sein, etwas zu tun, und betont den Verlauf einer Handlung. Da diese Konstruktion im Galicischen sehr häufig benutzt wird, führen wir sie hier an, damit Sie die Galicierinnen und Galicier verstehen. Zum Sprechen ist es anfangs sicher einfacher, wie im Deutschen nur die normale Verbform zu benutzen.

Están a percorrer a costa.
(sie-)sind zu bereisen die Küste
Sie bereisen gerade die Küste.

Estamos a buscar unha farmacia.
(wir-)sind zu suchen eine Apotheke
Wir suchen gerade eine Apotheke.

Modalverben

Sehr nützlich sind die Modalverben: Mit ihrer Hilfe können Sie ausdrücken, was jemand tun kann (poder), will (querer) oder muss (ter que). Das „normale" Verb (= Vollverb) muss dabei nicht verändert werden und steht in der Grundform (Infinitiv) direkt hinter dem Modalverb.

poder können

podo	ich kann	**podemos**	wir können
podes	du kannst	**podedes**	ihr könnt
pode	er/sie kann	**poden**	sie können

Podemos ir ó cine.
(wir-)können gehen zu-der Kino
Wir können ins Kino gehen.

Non poden facer nada.
nicht (sie-)können machen nichts
Sie können nichts tun.

querer wollen

quero	ich will	**queremos**	wir wollen
queres	du willst	**queredes**	ihr wollt
quere	er/sie will	**queren**	sie wollen

Quero comer algo.
(ich-)will essen etwas
Ich will etwas essen.

Quere mercar un libro.
(er/sie-)will kaufen ein Buch
Er/Sie will ein Buch kaufen.

ter que müssen

teño que	ich muss	**temos que**	wir müssen
tes que	du musst	**tedes que**	ihr müsst
ten que	er/sie muss	**teñen que**	sie müssen

Temos que chegar hoxe.
(wir-)haben dass ankommen heute
Wir müssen heute ankommen.

Teñen que traballar moito.
(sie-)haben dass arbeiten viel
Sie müssen viel arbeiten.

Beachten Sie: die beiden Verben stehen immer direkt hintereinander!

Vergangenheit

Die wichtigsten Formen der Vergangenheit sind das historische Perfekt und das Imperfekt. Das historische Perfekt bezeichnet eine abgeschlossene Handlung. Beim Erzählen drückt man damit Aktionen aus, die nacheinander abgelaufen sind.

Onte fomos a un bar, bebimos unha cervexa e despois vimos unha película no cine.
gestern (wir-)gingen zu ein Kneipe,
(wir-)tranken eine Bier
und danach (wir-)sahen eine Film im Kino
Gestern gingen wir in eine Kneipe, tranken ein Bier und schauten danach im Kino einen Film.

Bildung des historischen Perfekts:

falar reden			
fal-ei	ich redete	**fal-amos**	wir redeten
fal-aches	du redetest	**fal-astes**	ihr redetet
fal-ou	er/sie redete	**fal-aron**	sie redeten

entender verstehen

entend-ín	ich verstand	**entend-emos**	wir verstanden
entend-iches	du verstandest	**entend-estes**	ihr verstandet
entend-eu	er/sie verstand	**entend-eron**	sie verstanden

abrir öffnen

abr-ín	ich öffnete	**abr-imos**	wir öffneten
abr-iches	du öffnetest	**abr-istes**	ihr öffnetet
abr-iu	er/sie öffnetet	**abr-iron**	sie öffneten

Andere wichtige und (zum Großteil) unregelmäßige Verben:

estar sein

estiven	ich war	**estivemos**	wir waren
estiveches	du warst	**estivestes**	ihr wart
estivo	er/sie war	**estiveron**	sie waren

ser sein

fun	ich war	**fomos**	wir waren
fuches	du warst	**fostes**	ihr wart
foi	er/sie war	**foron**	sie waren

dicir sagen

dixen	ich sagte	**dixemos**	wir sagten
dixeches	du sagtest	**dixestes**	ihr sagtet
dixo	er/sie sagte	**dixeron**	sie sagten

facer machen

fixen	ich machte	**fixemos**	wir machten
fixeches	du machtest	**fixestes**	ihr machtet
fixo	er/sie machte	**fixeron**	sie machten

ir gehen

fun	ich ging	**fomos**	wir gingen
fuches	du gingst	**fostes**	ihr gingt
foi	er/sie ging	**foron**	sie gingen

poder können

puiden	ich konnte	**puidemos**	wir konnten
puideches	du konntest	**puidestes**	ihr konntet
puido	er/sie konntet	**puideron**	sie konnten

querer wollen

quixen	ich wollte	**quixemos**	wir wollten
quixeches	du wolltest	**quixestes**	ihr wolltet
quixo	er/sie wollte	**quixeron**	sie wollten

saber wissen

souben	ich wusste	**soubemos**	wir wussten
soubeches	du wusstest	**soubestes**	ihr wusstet
soubo	er/sie wusste	**souberon**	sie wussten

ter haben

tiven	ich hatte
tiveches	du hattest
tivo	er/sie hatte
tivemos	wir hatten
tivestes	ihr hattet
tiveron	sie hatten

ver sehen

vin	ich sah
viches	du sahst
viu	er/sie sah
vimos	wir sahen
vistes	ihr saht
viron	sie sahen

vir kommen

vin	ich kam
viñeches	du kamst
veu	er/sie kam
viñemos	wir kamen
viñestes	ihr kamt
viñeron	sie kamen

Mit dem Imperfekt drückt man immer wiederkehrende Handlungen aus oder benutzt es für Zustandsbeschreibungen (vor deren Hintergrund dann eine Aktion im historischen Perfekt stattfinden kann).

Antes traballaba en Mondoñedo.
früher (ich-)arbeitete in Mondoñedo
Früher habe ich in Mondoñedo gearbeitet.

O outono pasado ía cada día á piscina.
der Herbst vergangen (ich-)ging jeder Tag zu-die Schwimmbad
Letzten Herbst bin ich jeden Tag ins Schwimmbad gegangen.

Tiña moita sede e merquei unha botella de auga.
(ich-)hatte viel Durst und (ich-)kaufte eine Flasche von Wasser
Ich hatte großen Durst (Zustand) und kaufte mir eine Flasche Wasser (Aktion).

Regelmäßige Bildung des Imperfekts:

falar reden

fal-aba	ich redete	**fal-abamos**	wir redeten
fal-abas	du redetest	**fal-abades**	ihr redetet
fal-aba	er/sie redete	**fal-aban**	sie redeten

entender verstehen

entend-ía	ich verstand	**entend-iamos**	wir verstanden
entend-ías	du verstandest	**entend-iades**	ihr verstandet
entend-ía	er/sie verstand	**entend-ían**	sie verstanden

abrir öffnen

abr-ía	ich öffnete	**abr-iamos**	wir öffneten
abr-ías	du öffnetest	**abr-iades**	ihr öffnetet
abr-ía	er/sie öffnete	**abr-ían**	sie öffneten

Weitere wichtige Verben:

estar sein

estaba ich war	**estabamos** wir waren
estabas du warst	**estabades** ihr wart
estaba er/sie war	**estaban** sie waren

ser sein

era ich war	**eramos** wir waren
eras du warst	**erades** ihr wart
era er/sie war	**eran** sie waren

ir gehen

ía ich ging	**iamos** wir gingen
ías du gingst	**iades** ihr gingt
ía er/sie ging	**ían** sie gingen

ter haben

tiña ich hatte	**tiñamos** wir hatten
tiñas du hattest	**tiñades** ihr hattet
tiña er/sie hatte	**tiñan** sie hatten

Zukunft (Futur)

Normalerweise ist das Futur eine Zeit mit eigenständigen Endungen. Da diese Zukunftsform in der Umgangssprache aber praktisch nicht benutzt wird, führen wir sie hier auch nicht an. Viel gängiger – und viel einfacher – ist es nämlich, das Futur mit dem Verb ir (gehen) in der Gegenwart und der Grundform (Infinitiv) des Vollverbs auszudrücken (ir wird dann mit „werden“ übersetzt), also vou, vas, vai, imos, ides, van + Infinitiv.

Imos falar con ela mañá.
(wir-)gehen sprechen mit sie morgen
Wir werden morgen mit ihr sprechen.

Vou durmir cedo.
(ich-)gehe schlafen früh
Ich werde früh schlafen gehen.

Van ir pescar a Cabo Home.
(sie-)gehen gehen fischen zu Cabo Home
Sie werden zum Cabo Home fischen gehen.

Rückbezügliche Verben

Die rückbezüglichen Verben erkennt man daran, dass -se an die Grundform angehängt wird. An die gebeugten Formen des Verbs hängt man die persönlichen Fürwörter me, te, se, nos, vos, se an:

lavarse sich waschen

lávome	ich wasche mich
lávaste	du wäschst dich
lávase	er/sie wäscht sich
lavámonos	wir waschen uns
lavádesvos	ihr wascht euch
lávanse	sie waschen sich

Nicht immer werden die im Galicischen rückbezüglichen Verben auch im Deutschen reflexiv gebraucht!

Lávome con auga quente.
(ich-)wasche-mich mit Wasser warm
Ich wasche mich mit warmem Wasser.

Chámase Chus Pereira.
(sie-)nennt-sich Chus Pereira
Sie heißt Chus Pereira.

Unpersönliche Verbform

Um etwas Unpersönliches auszudrücken (was im Deutschen in der Regel mit „man" übersetzt wird), benutzt man die dritte Person Einzahl eines Verbs und hängt -se an.

Aquí cómese ben.
hier (es-)isst-sich gut
Hier isst man gut.

Véndese mel.
(es-)verkauft-sich Honig
Honig zu verkaufen.

Auffordern

Die Verbform, um jemanden zu etwas aufzufordern, ist bei den regelmäßigen Verben recht einfach. Duzt man die entsprechende Person, benutzt man die Form der 3. Person Singular:

falar	sprechen	→	**fala**	sprich
beber	trinken	→	**bebe**	trink
abrir	öffnen	→	**abre**	öffne

Abre a xanela.
öffne die Fenster
Mach bitte das Fenster auf.

(KD)

„Selbstbestimmung"

In der Höflichkeitsform ändert sich die Endung: a wird zu e, e und i werden zu a:

falar	sprechen	→	**fale**	sprechen Sie
beber	trinken	→	**beba**	trinken Sie
abrir	öffnen	→	**abra**	öffnen Sie

Fale máis a modo, por favor.
sprechen(-Sie) mehr zu Art, bitte
Bitte sprechen Sie langsamer.

Auch hier gibt es allerdings unregelmäßige Formen:

dicir	sagen	**di**	sag	**diga**	sagen Sie
facer	machen	**fai**	mach	**faga**	machen Sie
ir	gehen	**vai**	geh	**vaia**	gehen Sie
ver	sehen	**ve**	sieh	**vexa**	sehen Sie
vir	kommen	**ven**	komm	**veña**	kommen Sie
estar	sein	**está**	sei	**estea**	seien Sie
ser	sein	**sé**	sei	**sexa**	seien Sie

Persönliche Fürwörter II: Wem? oder Wen?

Die Bildung der persönlichen Fürwörter des 3. und 4. Falls (wem? bzw. wen oder was?) ist im Galicischen sehr kompliziert, da die Personalpronomen je nach Endung des Verbs variieren, zusammengezogen werden können etc. Daher hier nur die Grundformen und zwei Beispiele:

3. Fall (wem?)

me	mir
che	dir
lle	ihm/ihr
nos	uns
vos	euch
lles	ihnen

4. Fall (wen oder was?)

me	mich
te	dich
o/a	ihn/sie
nos	uns
vos	euch
os/as	sie

In normalen Aussagesätzen werden die Pronomen an die gebeugte Form des Verbs direkt angehängt. In verneinten Sätzen und in Fragesätzen, die mit einem Fragewort (z. B. wer? wo? - siehe Kapitel „Fragesätze") eingeleitet werden, steht das persönliche Fürwort vor dem Verb.

Envíovos as chaves.
(ich-)schicke-euch die Schlüssel
Ich schicke euch die Schlüssel.

Non o coñezo.
nicht ihn (ich-)kenne
Ich kenne ihn nicht.

Que che dixo?
was dir (er-)sagte
Was hat er dir gesagt?

Saúdannos.
(Sie-)grüßen-uns
Sie grüßen uns.

Verhältniswörter

Die Verhältniswörter werden zum Teil anders als im Deutschen verwendet. Beachten Sie z. B. den unterschiedlichen Gebrauch von a und vor allem von de, das in Fällen stehen kann, wo man im Deutschen gar kein Verhältniswort verwendet.

a	zu, nach
de	von, aus
para	für
por	durch, für

con	mit
sen	ohne
antes de	vor (zeitl.)
despois de	nach (zeitl.)
desde	seit
ata	bis (zeitl.)
diante de	vor (örtl.)
tras de	hinter
en	in, auf
debaixo de	unter
enriba de	über
dentro de	in, innerhalb von
fóra de	außerhalb von
preto de	in der Nähe von
lonxe de	weit weg von
a carón de	neben

Vou a Santiago.
(ich-)gehe zu Santiago
Ich gehe/fahre nach Santiago.

Imos a un bar.
(wir-)gehen zu ein Kneipe
Wir gehen in eine Kneipe.

Somos de Berlín.
(wir-)sind von Berlin
Wir sind aus Berlin.

Este é o coche de Antón.
dieser ist der Auto von Antón
Das ist Antóns Auto.

Alle Verhältniswörter stehen mit den persönlichen Fürwörtern des ersten Falls (nur statt eu steht min):

Os ovos son para min.
die Eier sind für mich
Die Eier sind für mich.

Xan vive preto de nós.
Xan lebt nah von wir
Xan wohnt bei uns in der Nähe.

Eine Ausnahme ist die Kombination von con mit einem persönlichen Fürwort:

comigo	mit mir
contigo	mit dir
con el/ela	mit ihm/ihr
convosco	mit euch
connosco	mit uns
con eles/elas	mit ihnen

El viaxa connosco.
er reist mit-uns
Er reist mit uns.

Einige Verhältniswörter werden mit nachfolgenden Artikeln, hinweisenden Fürwörtern und bestimmten persönlichen Fürwörtern zusammengezogen.

Verhältniswörter + bestimmter Artikel

	o der	a die	os die (m)	as die (w)
a	ao/ó	á	aos/ós	ás
de	do	da	dos	das
por	polo	pola	polos	polas
con	co	ca	cos	cas
en	no	na	nos	nas

Vou ó médico.
(ich-)gehe zu-der Arzt
Ich gehe zum Arzt.

Estamos nas Rías Altas.
(wir-)sind in-die Rías Altas
Wir sind in den Rías Altas.

Verhältniswörter + unbestimmter Artikel

	un ein	unha eine	uns einige (m)	unhas einige (w)
de	dun	dunha	duns	dunhas
en	nun	nunha	nuns	nunhas

Traballo nun taller.
(ich-)arbeite in-ein Werkstatt
Ich arbeite in einer Werkstatt.

Caeu dunha árbore.
(er/sie-)fiel von-eine Baum
Er/Sie ist von einem Baum gefallen.

Verhältniswörter + hinweisendes Fürwort

	isto	**aquilo**	**esto/a**	**aquel/-a**
	dies	jenes	diese/r	jene/r
de	**disto**	**daquilo**	**desto/a**	**daquel/-a**
en	**nisto**	**naquilo**	**nesto/a**	**naquel/-a**

Die Mehrzahlform wird dementsprechend mit -s am Ende gebildet.

Quero medio kilo disto.
(ich-)will halb Kilo von-dies
Ich möchte ein halbes Kilo davon.

Toman o sol naquelas pedras.
(sie-)nehmen der Sonne in-jene Steine
Sie sonnen sich auf den Steinen da hinten.

Verhältniswörter + persönliches Fürwort

	el	**ela**	**eles**	**elas**
	er	sie	sie (m)	sie (w)
de	**del**	**dela**	**deles**	**delas**

Esta mochila é delas.
diese Rucksack ist von-sie
Dieser Rucksack gehört ihnen.

Bindewörter

pero	aber
cando	als, wenn
que	dass, der/die/das, als
se	ob, wenn
aínda que	obwohl
ou	oder
senón	sondern
e	und
porque	weil

Sei que ven hoxe.
(ich-)weiß dass (er-)kommt heute
Ich weiß, dass er heute kommt.

Aínda que chove, saímos.
obwohl dass (es-)regnet (wir-)rausgehen
Obwohl es regnet, gehen wir raus.

O tren saíu cando cheguei.
der Zug rausging als (ich-)ankam
Der Zug fuhr ab, als ich ankam.

Este é o barco que vai a Cangas.
dieser ist der Boot der geht zu Cangas
Das ist das Boot, das nach Cangas fährt.

Verneinung

Außer der normalen Verneinung mit non gibt es noch einige besondere Ausdrücke, die wichtig sind:

non	nein, nicht
tampouco	auch nicht
nin ... nin ...	weder ... noch ...
nada	nichts
nunca	nie
ninguén	niemand
ningún/-ha	keiner/keine, kein
ningures	nirgends

Wird ein Satz verneint, muss die Verneinung immer vor dem Verb stehen:

Nunca bebo alcol.
nie (ich-)trinke Alkohol
Ich trinke nie Alkohol.

Nin chaman, nin escriben.
weder (sie-)anrufen, noch (sie-)schreiben
Sie rufen weder an, noch schreiben sie.

Steht einer dieser Ausdrücke hinter dem Verb, muss zusätzlich non vorangestellt werden. Es wird dann also doppelt verneint (was sich im Gegensatz zum Deutschen nicht gegenseitig aufhebt):

Non bebo nunca alcol.
nicht (ich-)trinke nie Alkohol
Ich trinke nie Alkohol.

Non vexo nada.
nicht (ich-)sehe nichts
Ich sehe nichts.

Non topamos con ninguén.
nicht (wir-)trafen mit niemand
Wir trafen niemanden.

Fragesätze

Fragesätze werden gebildet, indem man – wie im Deutschen – das Verb an den Anfang stellt.

Aquela mesa está libre.
jene Tisch ist frei
Der Tisch da hinten ist frei.

Está aquela mesa libre?
ist jene Tisch frei
Ist der Tisch da hinten frei?

Eine andere Möglichkeit ist, die Struktur des Aussagesatzes beizubehalten und nur die Betonung zu verändern. Dabei besteht allerdings die Schwierigkeit, dass man manchmal nicht genau erkennen kann, ob es sich um eine Aussage oder um eine Frage handelt.

Aquela mesa está libre?
jene Tisch ist frei
Ist der Tisch da hinten frei?

Um sich einer Sache zu versichern, hängt man non si? (nicht wahr?) an den Aussagesatz an:

Aquela mesa está libre, non si?
jene Tisch ist frei, nein ja
Der Tisch dahinten ist frei, nicht wahr?

Außerdem gibt es natürlich auch Fragen, die mit Fragewörtern eingeleitet werden (- auf die dann das Verb folgt):

que	was
cal	welcher/welche
quen	wer
canto	wieviel
cando	wann
onde	wo
a onde	wohin
de onde	woher
como	wie
por que	warum

Que queres tomar?
was (du-)willst trinken
Was willst du trinken?

Canto custa este mapa?
wieviel kostet dieser Landkarte
Wieviel kostet diese Landkarte?

Zahlen und Zählen

Beachten Sie, dass die Zahlen eins und zwei und alle Kombinationen mit eins, zwei und hundert (ab 200) im Geschlecht an das entsprechende Hauptwort angeglichen werden.

Grundzahlen

0	**cero**	21	**vinteún/ vinteúnha**
1	**un / unha**	22	**vintedous/ vintedúas**
2	**dous / dúas**	30	**trinta**
3	**tres**	31	**trinta e un/ trinta e unha**
4	**catro**	40	**corenta**
5	**cinco**	50	**cincuenta**
6	**seis**	60	**sesenta**
7	**sete**	70	**setenta**
8	**oito**	80	**oitenta**
9	**nove**	90	**noventa**
10	**dez**	100	**cen**
11	**once**	101	**cento un/ cento unha**
12	**doce**	200	**douscentos/ dúascentas**
13	**trece**	1000	**mil**
14	**catorce**	2000	**dous mil / dúas mil**
15	**quince**	25.000	**vintecinco mil**
16	**dezaseis**		
17	**dezasete**		
18	**dezaoito**		
19	**dezanove**		
20	**vinte**		

Alle zusammengesetzten Zahlen mit 20 bildet man (umgekehrt wie im Deutschen) aus vinte und der daran angehängten zweiten Zahl: 24 = vintecatro. Ab 30 (bis 100) werden die beiden Zahlen durch e verbunden: trinta e catro. Ab 100 schreibt man **cento** und die zweite Zahl in zwei Wörtern: centro catro.

dous viños	zwei Gläser Wein
dúas cervexas	zwei Bier
cincocentos nenos	fünfhundert Jungen
cincocentas nenas	fünfhundert Mädchen

25.854 €
vintecinco mil oitocentas cincuenta e catro euros

Ordnungszahlen

o/a primeiro/a	der/die erste
o/a segundo/a	der/die zweite
o/a terceiro/a	der/die dritte
o/a cuarto/a	der/die vierte
o/a quinto/a	der/die fünfte
o/a sexto/a	der/die sechste
o/a sétimo/a	der/die siebte
o/a oitavo/a	der/die achte
o/a noveno/a	der/die neunte
o/a décimo/a	der/die zehnte
o/a derradeiro/a	der/die letzte

Correos está na segunda rúa á dereita.
Post ist in-die zweite Straße zu-die rechts
Die Post ist in der zweiten Straße rechts.

O noso cuarto está no terceiro andar.
der unser Zimmer ist in-der dritten Stock
Unser Zimmer ist im dritten Stock.

Maße und Mengen

un kilo	ein Kilo
cen gramos	hundert Gramm
un litro	ein Liter
un metro	ein Meter
un kilómetro	ein Kilometer
unha ducia	ein Dutzend
un par	ein Paar
un chisco	ein wenig
un cacho	ein Stück

Quero unha ducia de ovos.
(ich-)will eine Dutzend von Eier
Ich möchte ein Dutzend Eier.

A miña nai merca un litro de leite.
die meine Mutter kauft ein Liter von Milch
Meine Mutter kauft einen Liter Milch.

Die Hälfte einer Menge wird mit medio/a gebildet, das im Gegensatz zum Deutschen immer ohne Artikel steht:

medio kilo de mexillóns
halber Kilo von Miesmuscheln
ein halbes Kilo Miesmuscheln

Comimos media sandía.
(wir-)aßen halbe Wassermelone
Wir aßen eine halbe Wassermelone.

Andere Teilmengen (1/3, 1/4) werden mit un ... de gebildet:

un terzyo de queixo
ein Drittel von Käse
ein Drittel Käse

Quero un cuarto de empanada.
(ich-)will ein Viertel von Empanada
Ich möchte ein Viertel Empanada.

moito	viel
pouco	wenig
todo	alles
algo	etwas
máis	mehr
menos	weniger

Zeit und Datum

Die Uhrzeiten stehen immer mit dem weiblichen Artikel, da das Wort hora (Stunde) mitgedacht wird. Außer bei ein Uhr wird dementsprechend immer die Mehrzahlform des Artikels benutzt.

Que hora é?
was Stunde (es-)ist
Wie spät ist es?

Son as dúas.
(sie-)sind die zwei
Es ist zwei Uhr.

Levas hora?
(du-)trägst Stunde
Hast du die Uhrzeit?

Si, é a unha.
ja, (es-)ist die eins
Ja, es ist ein Uhr.

as oito e cinco
die acht und fünf
fünf nach acht

as nove menos vintecinco
die neun weniger fünfundzwanzig
fünf nach halb neun

as oito e cuarto
die acht und viertel
viertel nach acht

as nove menos cuarto
die neun weniger viertel
viertel vor neun

as oito e media
die acht und halb
halb neun

as nove menos sete
die neun weniger sieben
sieben vor neun

Son as seis e media pasadas.
(sie-)sind die sechs und halb vergangen
Es ist halb sieben vorbei.

A que hora sae o autobús?
zu was Stunde rausgeht der Autobus
Um wieviel Uhr fährt der Bus ab?

Ás tres en punto.
zu-die drei in Punkt
Um Punkt drei Uhr.

hoxe	heute
onte	gestern
antonte	vorgestern
mañá	morgen

pasadomañá	übermorgen	
a madrugada	der frühe Morgen	
a mañá	der Morgen	*(bis ca. 14 Uhr)*
o mediodía	der Mittag	*(von 12 bis 14 Uhr)*
a tarde	der Nachmittag	
o serán	der Abend	
a noite	die Nacht	

Ás mañás estou na universidade.
zu-die Morgen (ich-)bin in-die Universität
Morgens bin ich in der Universität.

Imos chegar hoxe á tarde.
(wir-)gehen ankommen heute zu-die Nachmittag
Wir werden heute nachmittag ankommen.

Quedamos ás once da noite, logo?
(wir-)bleiben zu-die elf von-die Nacht, dann
Treffen wir uns dann also um elf Uhr abends?

a semana	die Woche
o luns	Montag
o martes	Dienstag
o mércores	Mittwoch
o xoves	Donnerstag
o venres	Freitag
o sábado	Samstag
o domingo	Sonntag
laborable	Werktag
festivo	Feiertag
a fin de semana	das Wochenende

O noso avión sae o luns que vén.
der unser Flugzeug rausgeht der Montag der kommt
Unser Flugzeug geht kommenden Montag.

Os mércores hai cocido.
die Mittwochs (es-)gibt Eintopf
Mittwochs gibt es Eintopf.

o ano	das Jahr
os meses	die Monate
xaneiro	Januar
febreiro	Februar
marzo	März
abril	April
maio	Mai
xuño	Juni
xullo	Juli
agosto	August
setembro	September
outubro	Oktober
novembro	November
decembro	Dezember

as estacións	die Jahreszeiten
a primavera	der Frühling
o verán	der Sommer
o outono	der Herbst
o inverno	der Winter

Sempre collo vacacións en marzo.
immer (ich-)nehme Ferien in März
Ich nehme immer im März Urlaub.

O meu aniversario é no outono, no mes de outubro.
der mein Geburtstag ist in-der Herbst, in-der Monat von Oktober
Mein Geburtstag ist im Herbst, im Oktober.

Datum

Hoxe, que día é?
heute, was Tag (es-)ist
Was für ein Tag ist heute?

Martes, trece de agosto.
Dienstag, dreizehn von August
Dienstag, der 13. August.

Que día naciches?
was Tag (du-)geboren-wurdest
An welchem Tag bist du geboren?

O trinta de abril de 1987.
der dreißig von April von 1987
Am 30. April 1987.

cedo	früh
tarde	spät
agora	jetzt
despois	danach, dann
xa	schon
axiña	bald
daquela	damals
sempre	immer
ás veces	manchmal
decote	oft

(Foto): DCN

Ourense

Kurz-Knigge

Im Grunde unterscheiden sich die galicischen Verhaltensweisen und Umgangsformen nicht sehr von den deutschen. Sie können also eigentlich nicht viel falsch machen, zumal wenn Sie etwas die Augen offenhalten und darauf achten, wie sich die Galicier und Galicierinnen selbst verhalten. Die folgenden Hinweise können aber vielleicht trotzdem ganz hilfreich sein:

Der Tagesrhythmus in Galicien weicht vom deutschen etwas ab. So ist eigentlich alles um etwa zwei Stunden nach hinten verschoben. Man steht zwar nicht unbedingt später auf, zu Mittag gegessen wird aber erst ab 14 Uhr. Es ist üblich, sich dafür Zeit zu nehmen, so dass die Mittagspause in der Regel von 14-17 Uhr dauert. Während dieser Zeit läuft auch in den größeren Städten nicht viel. Außer dem einen oder anderen Supermarkt ist alles zu, und wenn man etwas zu erledigen hat, sollte man das auf später verschieben. Dafür ist nach der Mittagspause dann auch entsprechend mehr Zeit: bis 20 oder sogar 21 Uhr wird gearbeitet und sind die Geschäfte geöffnet. Zu Abend isst man etwa ab 22 Uhr. Hat man anschließend noch was vor, geht man auch dazu später los. Viele Konzerte und Vorstellungen im Theater oder Kino fangen erst nach 20 Uhr an. Auch die Kneipen füllen sich natürlich entsprechend später, und in einer Diskothek ist vor halb zwei Uhr nachts nichts los.

Geht man abends etwas trinken, so läuft auch das ein wenig anders ab als in Deutschland. In der Regel bleibt man nicht stundenlang in der gleichen Kneipe sitzen, sondern geht z.T. schon nach zehn Minuten in die nächste. Dafür sind dann auch die Gläser entsprechend kleiner. Es ist eher unüblich, dass alle einzeln bezahlen.

Kleine Unterschiede zu Deutschland gibt es auch bei den Höflichkeitsformen. So wird in Galicien z. B. viel mehr geduzt, als es bei uns üblich ist. Das formellere „Sie" benutzen die Galicier und Galicierinnen eigentlich nur gegenüber älteren Leuten oder besonderen Respektpersonen. Trotzdem sollten Sie im Zweifelsfall eher zum „Sie" greifen, um nicht unfreiwillig unhöflich zu wirken. Ebenso wie das „Sie" werden auch „bitte" und „danke" im Galicischen viel sparsamer eingesetzt, als man das vom Deutschen gewohnt ist, was aber nichts mit Unfreundlichkeit zu tun hat.

Andererseits sollten Sie nicht vergessen, immer zu grüßen und sich zu verabschieden, wenn Sie z. B. ein Geschäft oder eine Kneipe betreten oder verlassen. Beides gilt als selbstverständlich. Genausowenig verschwindet man einfach wortlos aus einer Gruppe, wenn man mal zur Toilette oder schnell telefonieren geht, sondern man sagt kurz Bescheid.

Wundern Sie sich nicht, wenn Ihnen jemand vorgestellt wird und Sie mit zwei Küsschen auf die Wangen begrüßt. Das gilt nicht als besondere Vertraulichkeit, sondern als durchaus üblich, auch wenn man sich noch nicht gut kennt. Männer untereinander geben sich allerdings in der Regel nur die Hand. Umarmungen sind nicht so üblich.

Ein letzter Unterschied ist noch die Funktion, die die Wohnung im Vergleich zu öffentlichen Treffpunkten wie Bars und Cafés hat. In Galicien hat die Wohnung privateren Charakter als in Deutschland, so dass man sich eher in einer Kneipe verabredet als zu Hause, vor allem wenn man sich erst flüchtig kennt.

Mit diesen kleinen Hilfestellungen kommen Sie sicher schon ganz gut zurecht, ansonsten gilt natürlich: Zugucken und Nachmachen.

Floskeln und Redewendungen

Begrüßen und verabschieden

	Ola	Hallo
(etwa bis 14 Uhr)	**Bo día**	Guten Morgen, Guten Tag
(etwa bis 22 Uhr)	**Boa tarde**	Guten Tag
(ab 22 Uhr)	**Boa noite**	Guten Abend, gute Nacht

Ola, que tal?
hallo, was so
Hallo, wie geht's?

Como estás?
wie (du-)bist
Wie geht es dir?

Coma sempre.
wie immer
Wie immer.

Ben, e ti?
gut, und du
Gut, und dir?

Die Frage que tal? ist eher als Teil der Begrüßung zu verstehen und nicht so sehr als echte Frage. Man beantwortet sie nur kurz oder lässt sie sogar unbeantwortet. Es geht in dieser Situation zumindest nicht darum, wirklich zu sagen, wie es einem geht.

Ata logo	Auf Wiedersehen
Abur, aburiño, chao	Tschüß
ata mañá	bis morgen

Marcho, ata logo.
(ich-)gehe, bis bald
Ich gehe, auf Wiedersehen.

Vou durmir, ata mañá.
(ich-)gehe schlafen, bis morgen
Ich gehe schlafen, bis morgen.

Bitten, danken, sich entschuldigen

Canto é, por favor?
wieviel (es-)ist, bitte
Wieviel macht das, bitte?

Pódeme dicir como chego ó Concello?
(Sie-)kann-mir sagen wie (ich-)ankomme zu-der Rathaus
Können Sie mir sagen, wie ich zum Rathaus komme?

Pásasme o viño?
(du-)reichst-mir der Wein
Reichst du mir bitte den Wein?

Tes lume?
(du-)hast Feuer
Hast du Feuer, bitte?

Grazas.
Danke.

Moitas grazas.
Vielen Dank.

Moitas grazas pola axuda.
vielen Dank für-die Hilfe
Vielen Dank für die Hilfe.

De nada.
von nichts
Keine Ursache.

Síntoo.
Tut mir leid.

Perdón.
Entschuldigung.

Sinto chegar tarde.
(ich-)bedaure ankommen spät
Tut mir leid, dass ich zu spät komme.

Non importa.
nicht (es-)ist-wichtig
Das macht nichts.

Mire.	Schauen Sie bitte!
Mira.	Schau mal!/Hallo!
Desculpe.	Gestatten Sie!
Desculpa.	Entschuldige!

Mira, dous bocadillos de queixo.
Schau, zwei Brötchen von Käse
Zwei Käsebrötchen, bitte.

Mira (bzw. mire) ist auf Galicisch eine gängige Form, auf sich aufmerksam zu machen, auch wenn es für einen Deutschen oder eine Deutsche ziemlich unverschämt klingt.

Perdón, deíxame pasar?
Entschuldigung, (Sie-)lässt-mich vorbeigehen
Entschuldigung, lassen Sie mich bitte vorbei?

Zustimmen, ablehnen, zweifeln

si	ja
de acordo	einverstanden
vale	O.K.
claro	klar

Claro que vou convosco.
klar dass (ich-)gehe mit-euch
Klar komme ich mit euch.

De certo que si.
von richtig dass ja
Aber sicher.

Éche ben certo.
(es-)ist-dir gut richtig
Das ist völlig richtig.

Si ho! Si que quero.
ja ho, ja dass (ich-)will
Aber ja, klar will ich.

non	nein
en absoluto	überhaupt nicht
quizais / tal vez	vielleicht

Non o creo.
nicht es (ich-)glaube
Das glaube ich nicht.

Seica toleaches.
etwa (du-)wurdest-verrückt
Du spinnst wohl.

Síntoo, pero non podo saír convosco esta noite.
(ich-)bedaure-es, aber nicht (ich-)kann ausgehen mit-euch diese Nacht
Tut mir leid, aber ich kann heute Abend nicht mit euch ausgehen.

Non ho! Que vou querer.
nein ho, dass (ich-)gehe wollen
Aber nein, ich will wirklich nicht.

Se cadra paso pola túa casa esta tarde.
wenn (es-)passt (ich-)vorbeikomme für-die deine Haus diese Nachmittag
Wenn es mir reinpasst, komme ich heute Nachmittag bei dir vorbei.

Non o sei.
nicht es (ich-)weiß
Ich weiß es nicht.

Disque vai chover.
(es-)sagt-sich-dass (es-)geht regnen
Es scheint, dass es regnen wird.

Das erste Gespräch

Vorstellung

Ola, son Jessica.
hallo, (ich-)bin Jessica
Hallo, ich bin Jessica.

E ti, como te chamas?
und du, wie dich (du-)nennst
Und du, wie heißt du?

Eu chámome Andrea.
ich nenne-mich Andrea
Ich heiße Andrea.

E este é o meu amigo Miguel.
Und dieser ist der mein Freund Miguel.
Und das ist mein Freund Miguel.

O meu nome é María Casal.
der mein Name ist María Casal
Mein Name ist María Casal.

Tanto gusto.
soviel Gefallen
Sehr erfreut.

De onde sodes?
von wo (ihr-)seid
Wo seid ihr her?

Somos de Alemaña.
(wir-)sind von Deutschland
Wir sind aus Deutschland.

E vostede, é suíza?
und Sie, (Sie-)ist Schweizerin
Und Sie, sind Sie Schweizerin?

Non, son alemá, pero vivo en Berna.
nein, (ich-)bin Deutsche, aber (ich-)lebe in Bern
Nein, ich bin Deutsche, aber ich lebe in Bern.

Cantos anos tes?
wieviele Jahre (du-)hast
Wie alt bist du?

Teño trinta e catro.
(ich-)habe dreißig und vier
Ich bin vierunddreißig.

Que idade ten?
was Alter (Sie-)hat
Wie alt sind Sie?

Nacín en mil novecentos setenta.
(ich-)geboren-wurde in tausend neunhundert siebzig
Ich bin 1970 geboren.

Estades de vacacións?
(ihr-)seid von Ferien
Macht Ihr Ferien?

Non, estudamos galego aquí.
nein, (wir-)studieren Galicisch hier
Nein, wir studieren hier Galicisch.

Xa levamos tres semanas en Galicia.
schon (wir-)mitnehmen drei Wochen in Galicien
Wir sind schon drei Wochen in Galicien.

Familie

a familia	die Familie
os pais	die Eltern
o pai	der Vater
a nai	die Mutter
o fillo	der Sohn
a filla	die Tochter
o irmán	der Bruder
a irmá	die Schwester
o avó	der Großvater
a avoa	die Großmutter
o tío	der Onkel
a tía	die Tante
o sobriño	der Neffe
a sobriña	die Nichte
o home	der Ehemann
a muller	die Ehefrau
o mozo	der Freund
a moza	die Freundin
o compañeiro	der Partner
a compañeira	die Partnerin

Tes irmáns?
(du-)hast Brüder
Hast du Geschwister?

Non, son fillo único.
nein, (ich-)bin Sohn einziger
Nein, ich bin Einzelkind.

Teño unha irmá e dous irmáns.
(ich-)habe eine Schwester und zwei Brüder
Ich habe eine Schwester und zwei Brüder.

A miña moza vive todo o ano aquí.
die meine Freundin lebt ganz der Jahr hier
Meine Freundin lebt das ganze Jahr hier.

Viaxa vostede so?
reist Sie allein
Reisen Sie allein?

Non, están tamén os meus fillos.
nein, sind auch die meine Söhne
Nein, meine Kinder sind auch dabei.

solteiro/a	ledig
casado/a	verheiratet
divorciado/a	geschieden
viuvo/a	verwitwet

Estás solteiro?
(du-)bist ledig
Bist du ledig?

Si, pero teño mozo en Hamburgo.
ja, aber (ich-)habe Freund in Hamburg
Ja, aber ich habe einen Freund in Hamburg.

Sodes parella?
(ihr-)seid Paar
Seid ihr ein Paar?

Si, aínda que non estamos casados.
ja, noch dass nicht (wir-)sind verheiratet
Ja, obwohl wir nicht verheiratet sind.

Beruf

Estudas?
(du-)studierst
Studierst du?

Si, estudo arte.
ja, (ich-)studiere Kunst
Ja, ich studiere Kunst.

De que traballas?
von was (du-)arbeitest
Was arbeitest du?

Traballo de carpinteiro.
(ich-)arbeite von Schreiner/-in
Ich arbeite als Schreiner/-in.

Son profesora e estou no paro.
(ich-)bin Lehrerin und (ich-)bin in-der Arbeitslosigkeit
Ich bin Lehrerin, und ich bin arbeitslos.

Estamos xubilados.
(wir-)sind pensioniert
Wir sind in Rente.

Wetter

o ceo	der Himmel
a nube	die Wolke
o sol	die Sonne
o vento	der Wind

a chuvia	der Regen
a néboa	der Nebel
a treboada	das Gewitter
a neve	der Schnee
o xeo	das Eis

Vai bo día.
(es-)geht gut Tag
Es ist schönes Wetter.

Vai sol.
(es-)geht Sonne
Die Sonne scheint.

Vai frío.
(es-)geht Kälte
Es ist kalt.

Chove.
(es-)regnet
Es regnet.

Estamos a vintetres graos.
(wir-)sind zu zwanzigdrei Grade
Wir haben dreiundzwanzig Grad.

Vai unha calor que morren os paxaros.
(es-)geht eine Hitze dass sterben die Vögel
Es herrscht eine Affenhitze.

Teño calor.
(ich-)habe Hitze
Mir ist heiß.

Que tempo dan para mañá?
was Wetter (sie-)geben für morgen
Was für ein Wetter ist für morgen angesagt?

o paraugas	der Regenschirm
o chuvasqueiro	die Regenjacke
a roupa de abrigo	die warme Kleidung

Sich verabreden, Einladen, Ausgehen

Quedamos para saír esta noite?
(wir-)bleiben für ausgehen diese Nacht
Gehen wir heute abend zusammen aus?

Imos tomar unha copa?
(wir-)gehen nehmen eine Glas
Gehen wir was trinken?

Vale, como quedamos?
(es-)gilt, wie (wir-)bleiben
O.K., wann und wo treffen wir uns?

Podemos quedar ás once no ...
(wir-)können bleiben zu-die elf in-der ...
Wir können uns um elf im ... treffen.

Hoxe non podo, quedamos para mañá?
heute nicht (ich-)kann, (wir-)bleiben für morgen
Heute kann ich nicht, treffen wir uns morgen?

Queredes vir mañá de excursión connosco?
(ihr-)wollt kommen morgen von Ausflug mit-uns
Wollt ihr morgen mit uns einen Ausflug machen?

Pasamos pola vosa casa ás dez.
(wir-)vorbeikommen für-die eure Haus zu-die zehn
Wir kommen um zehn bei euch vorbei.

Wenn jemand Sie zu sich nach Hause einlädt, wird es in der Regel Mittag- oder Abendessen geben. Mit Gästen isst man in Galicien gut und reichlich, stellen Sie sich auf mehrere Gänge und auf einen längeren Aufenthalt ein.

Es ist eher unüblich, zu einer Einladung etwas mitzubringen.

Wenn Sie jemanden einladen und die entsprechende Person lehnt erstmal dankend ab, fragen Sie nochmal nach und wiederholen sie die Einladung. In Galicien ziert man sich gerne ein bisschen, bevor man zusagt.

Queda comer.
bleib essen
Bleib doch zum Essen.

Por que non vés comer á casa?
warum nicht (du-)kommst essen zu-die Haus
Warum kommst du nicht zu uns zum Essen?

Non quero ser molestia.
nicht (ich-)will sein Belästigung
Ich will nicht stören.

Que vai ser molestia!
dass (es-)geht sein Belästigung
Aber du störst doch nicht!

Vou, grazas.
(ich-)gehe, danke.
Ich komme gern, danke.

A que hora paso?
zu was Stunde (ich-)vorbeikomme
Um wieviel Uhr soll ich da sein?

Die zweite Nummer der Adresse bezeichnet das Stockwerk, der Zusatz dereita / esquerda *oder ein Buchstabe die Wohnung. Es ist wichtig, sich diese Angaben zu merken, da an der Klingel und an den Wohnungstüren keine Namen stehen.*

Pasa á unha.
vorbeikomm zu-die eine
Komm um eins.

Vivimos na rúa de Rosalía de Castro 17, 3º D (número dezasete, terceiro D).
(wir-)leben in-die Straße von Rosalía de Castro 17, 3. D (Nummer siebzehn, dritter D)
Wir wohnen in der Rosalía-de-Castro-Straße 17, 3. Stock, Wohnung D.

Queres máis polo?
(du-)willst mehr Hähnchen
Möchtest du noch Hähnchen?

Non grazas, estou cheo/a.
nein danke, (ich-)bin voll
Nein danke, ich bin satt.

Pero colle máis, este cachiño?
aber nimm mehr, dieser Stückchen
Nimm doch noch was. Dieses Stück hier?

Si vale, pero pouco.
ja (es-)gilt, aber wenig
Ja gut, aber wenig, bitte.

Vou estoupar.
(ich-)gehe platzen
Ich platze gleich.

Que bo está isto!
was gut ist dies
Das schmeckt sehr gut!

Está moi bo este viño.
ist sehr gut dieser Wein
Dieser Wein ist sehr gut.

Que ben comín!
was gut (ich-)aß
Das Essen war ausgezeichnet!

Imos á discoteca?
(wir-)gehen zu-die Diskothek
Gehen wir in die Disko?

Bailamos?
(wir-)tanzen
Tanzen wir?

Gústame moito esta canción.
gefällt-mir viel diese Lied
Dieses Lied gefällt mir sehr gut.

Que mala é aquí a música! Marchamos?
was schlecht ist hier die Musik, (wir-)gehen
Was für schlechte Musik hier läuft! Gehen wir?

o cine	das Kino
a película	der Film
o día do espectador	der Kinotag
o teatro	das Theater
a obra de teatro	das Theaterstück
o concerto	das Konzert
a entrada	die Eintrittskarte
a taquilla	die Kasse
entrada libre, de balde	Eintritt frei
a venda anticipada	der Vorverkauf

Dúas entradas para a sesión das oito.
zwei Eintrittskarten für die Vorstellung von-die acht
Zwei Eintrittskarten für die Acht-Uhr-Vorstellung, bitte.

Quero reservar unha entrada para o concerto de ...
(ich-)will reservieren eine Eintrittskarte für der Konzert von ...
Ich möchte für das Konzert von ... eine Eintrittskarte zurücklegen lassen.

Hai desconto de estudantes?
(es-)gibt Ermäßigung von Studenten
Gibt es Studentenermäßigung?

Essen und Trinken

In Galicien beginnt man den Tag mit einem recht kargen Frühstück (almorzo), das in der Regel nur aus Kaffee und einer Scheibe Toast oder etwas Süßem besteht. Zu Mittag gegessen wird ab 14 Uhr (comida, xantar). Dafür nimmt man sich viel Zeit und isst unter Umständen mehrere Gänge. Auch abends wird meistens warm und ausgiebig gegessen, im Restaurant gibt es ab etwa 21 Uhr Abendessen (cea).

Frühstück

o café só	der Espresso
o café con leite	der Milchkaffee
o café cortado	der Espresso mit Milch
o chocolate	die heiße Schokolade
o té	der Tee
o zume de laranxa	der Orangensaft
o vaso de leite	das Glas Milch
o bolo	das Hefeteilchen, Plunderstück
o croissant	das Croissant
os churros	Spritzgebäck (in Öl fritiert)
as torradas	die Toastscheiben
o azucre	der Zucker
a marmelada	die Marmelade
a manteiga	die Butter

un chocolate con churros
ein Schokolade mit churros
eine heiße Schokolade mit Churros

un vaso de leite quente
ein Glas von Milch heiß
ein Glas heiße Milch

Mittag- und Abendessen

sopas e potaxes Suppen und Eintöpfe	
a sopa	Nudelsuppe
o caldo	Brühe
as lentellas	Linsen
a fabada	Bohneneintopf
os callos	Kutteln
os garavanzos	Kichererbsen

ovos Eier	
os ovos fritos	Spiegeleier
a tortilla francesa	Omelett
a tortilla de patacas	Kartoffelomelett

carne Fleisch	
tenreira	Kalb
vaca	Rind
porco	Schwein
polo	Hähnchen
cordeiro, año	Lamm
a costeleta	Kotelett
o filete, o bisté	Schnitzel
a milanesa	paniertes Schnitzel

peixe Fisch	
as sardiñas	Sardinen
as xoubas	kl. Sardinen
o bacallau	Kabeljau
a pescada	Seehecht
o linguado	Seezunge
os calamares, as luras	Kalamares

mariscos Meeresfrüchte	
os mexillóns	Miesmuscheln
as ameixas	Venusmuscheln
as vieiras	Jakobsmuscheln
as navallas	Schwertmuscheln
as ostras	Austern
as gambas	Krabben
as nécoras	Krebse
a centola	Seespinne

Zubereitungsart

cocido/a	gekocht
asado/a	gebraten (im Ofen)
frito/a	fritiert
empanado/a	paniert
guisado/a	geschmort
á prancha	kurzgebraten
á grella	gegrillt
moi feito/a	durchgebraten
ó punto	medium
pouco pasado/a	englisch
para levar	zum Mitnehmen

Beilagen

a ensalada	Salat
o arroz	Reis
as patacas cocidas	gekochte Kartoffeln
as patacas fritas	Pommes frites

Un filete á prancha con patacas fritas e unha ensalada.
ein Schnitzel zu-die Platte mit Kartoffeln frittierte und eine Salat
Ein Schnitzel (nicht paniert) mit Pommes frites und ein Salat.

postre Nachtisch	
a froita	Obst
o iogur	Joghurt
o flan	Karamelpudding
o xeado	Eis
as natillas	Cremespeise
o arroz con leite	Milchreis
a torta	Torte, Kuchen

bebidas Getränke	
a auga con gas	Mineralwasser
a auga sen gas	stilles Wasser
o viño branco	Weißwein
o viño tinto	Rotwein
a cervexa	Bier
a gasosa	Zitronenlimonade
a sidra	Cidre
o zume	Saft

unha auga con gas do tempo
eine Wasser mit Kohlensäure von-der Wetter
ein Mineralwasser mit Zimmertemperatur

un zume de piña frío
ein Saft von Ananas kalt
ein kalter Ananassaft

am Tisch

o prato	Teller
o vaso	Glas
a taza	Tasse
a botella	Flasche
a copa	Weinglas
o garfo	Gabel
o coitelo	Messer
a culler	Löffel
a culleriña	Teelöffel
o pano de mesa	Serviette
o escarbadentes	Zahnstocher
o pan	Brot
o sal	Salz
a pementa	Pfeffer
o aceite	Öl
o vinagre	Essig

Pode traer outra botella de viño e máis pan?
(Sie-)kann bringen andere Flasche von Wein und mehr Brot
Können Sie bitte noch eine Flasche Wein und mehr Brot bringen?

Falta un garfo e un coitelo.
(es-)fehlt ein Gabel und ein Messer
Es fehlen eine Gabel und ein Messer.

Galicische Spezialitäten

Die galicische Küche ist sehr deftig. Es wird viel Fleisch gegessen, viele Kartoffeln und kaum frisches Gemüse, an der Küste allerdings auch viel Fisch und Meeresfrüchte. Man legt nicht so großen Wert auf ausgefeilte Kochkünste, sondern kocht relativ einfach, aber reichhaltig. Es lohnt sich auf jeden Fall, die örtlichen Spezialitäten zu probieren, Vegetarier und Vegetarierinnen haben es aber unter Umständen schwer, im Restaurant etwas Passendes zu finden.

(DCN)

„Polbo á feira"

empanada eine Art flache Pastete, die mit den unterschiedlichsten Dingen gefüllt sein kann, z. B. Fisch, Fleisch u. a. (wird mit der Hand gegessen!)
pulpo, polbo Tintenfisch, der gekocht und anschließend in Stücke geschnitten wird, man isst ihn mit Öl und Paprikapulver á feira
chourizo Paprikawurst aus Schweinefleisch, sie wird entweder in Eintöpfen mitgekocht, gebraten oder auch kalt als Aufschnitt gegessen
zorza Schweinefleisch in Stücken mit Paprikapulver und Öl
churrasco gegrillte Rippchen aus Schweine- oder Kalbfleisch
cocido Eintopf aus grelos (Steckrübenblättern), Kartoffeln, Kohl, weißen Bohnen und verschiedenen Arten von Schweinefleisch
caldo Brühe mit den gleichen Zutaten wie der cocido
lacón con grelos gekochter Vorderschinken vom Schwein mit grelos und Kartoffeln
pementos de Padrón kleine grüne Paprika, die gebraten gegessen werden - am besten im Frühsommer, weil sie sonst sehr scharf sein können
tetilla „Brüstchen", ungereifter Käse aus Kuhmilch
filloa, freixó dünner Pfannkuchen
torta de Santiago Mandelkuchen
queimada Getränk, das bei großen Festen getrunken wird, enthält augardente (Schnaps), Zucker, Zitronenschale und wird flambiert

Will man „richtig" essen, wird man in der Regel in ein Restaurant (restaurante, mesón, casa de comidas) gehen. Man kann entweder „à la carte" essen oder ein menú do día (Tagesmenü), das meistens zwei Gänge, Nachtisch oder Kaffee, Brot und Getränk enthält.

Außerhalb der normalen Essenszeiten kann man allerdings auch den ganzen Tag in einer bar eine Kleinigkeit essen. Dort gibt es z. B. bocadillos (belegte Brötchen), racións (mittelgroße Portionen der verschiedensten Gerichte, z. B. Schinken oder pulpo) und tapas oder pinchos, kleine Happen, die – je nach Stadt oder Lokal – kostenlos zum Getränk serviert, oder extra bestellt und bezahlt werden.

Hai sitio para tres persoas?
(es-)gibt Platz für drei Personen
Haben Sie Platz für drei Personen?

Podemos ver a carta?
(wir-)können sehen die Karte
Können wir die Karte sehen?

Que teñen para comer?
was (Sie-)haben für essen
Was haben Sie zu essen?

Eu quero de primeiro caldo e de segundo pescada.
ich will von erster Brühe und von zweiter Seehecht
Ich möchte als ersten Gang Brühe und als zweiten Seehecht.

Son vexetariano/-a.
(ich-)bin Vegetarier/-in
Ich bin Vegetarier/-in.

Desculpe, podo coller o sal?
entschuldigen(-Sie), (ich-)kann nehmen der Salz
Entschuldigen Sie, kann ich das Salz haben?

Non pedimos isto.
nicht (wir-)bestellten dies
Das haben wir nicht bestellt.

Onde está o servizo?
wo ist der Toilette
Wo ist die Toilette?

Pode traer a conta?
(Sie-)kann bringen die Rechnung
Können Sie bitte die Rechnung bringen?

Podo pagar con tarxeta?
(ich-)kann bezahlen mit Karte
Kann ich mit Karte bezahlen?

Cobra aquí?
(Sie-)kassiert hier
Kassieren Sie hier bitte?

Canto é?
Wieviel (es-)ist
Wieviel macht das?

Non é moito?
nicht (es-)ist viel
Ist das nicht zuviel?

Está ben sumada esta conta?
Ist gut zusammengezählt diese Rechnung?
Stimmt die Rechnung?

Falls man Trinkgeld (propina) geben will, bezahlt man erst den genauen Betrag und lässt den Rest dann auf dem Teller liegen, auf dem die Rechnung gebracht wird.

Bars und Lokale

Es gibt verschiedene Arten von Lokalen, in denen man etwas trinken gehen kann. Die bars sind auch tagsüber geöffnet und schließen relativ früh (gegen 24 Uhr). Man kann dort auch Kaffee trinken oder eine Kleinigkeit essen, zum Bier oder Wein bekommt man oft tapas. Für den späteren Abend gibt es die pubs, in denen meistens Musik läuft und wo die Getränke in der Regel etwas teurer sind. In den pubs gibt es nichts zu essen.

Nachmittags kann man außer in den bars *auch in* cafés *etwas trinken.*

a cervexa	das Bier
o curto	kleines Glas Fassbier
a caña	Glas Fassbier
a clara	Radler/Alsterwasser
o viño ...	der ... Wein
tinto	Rot-
branco	Weiß-
a copa de viño	das Glas Wein
o vermú	der Wermut
a tónica	das Tonic Water
o coñac	der Cognac
o whisky	der Whisky
a vodka	der Wodka
o ron	der Rum
a augardente	der Schnaps
o licor de ...	der ... Likör
mazá	Apfel-
café	Kaffee-
avelá	Haselnuss-
o chupiño de ...	das Gläschen ...

(DCN)

Willkommen auf Galicisch

Un whisky con Coca-Cola, sen xeo, por favor.
ein Whisky mit Coca-Cola, ohne Eis, bitte
Einen Whisky-Cola ohne Eis, bitte.

Quero unha cervexa sen alcol.
(ich-)will eine Bier ohne Alkohol
Ich möchte bitte ein alkoholfreies Bier.

Estou de resaca.
(ich-)bin von Brandung
Ich bin verkatert.

Unterwegs

a cidade	Stadt
a aldea	Dorf
a zona vella	Altstadt
o centro	Zentrum
a estrada	Landstraße
o camiño	Weg
a pista	Erdpiste
a rúa	Straße
a praza	Platz
o cruce	Kreuzung
a costa	Steigung, Abhang
a ponte	Brücke
a casa	Haus
a igrexa	Kirche
o mapa	Land-/Straßenkarte
o plano	Stadtplan

Onde está o porto?
wo ist der Hafen
Wo ist der Hafen?

Hai un supermercado por aquí?
(es-)gibt ein Supermarkt für hier
Gibt es hier irgendwo einen Supermarkt?

Como se chega á estación?
wie sich (es-)ankommt zu-die Bahnhof
Wie kommt man zum Bahnhof?

Colles a primeira rúa á esquerda e segues todo recto.
(du-)nimmst die erste Straße zu-die Linke und (du-)folgst ganz gerade
Du biegst die erste Straße links ab und gehst dann immer geradeaus.

Por aquí vai mal, ten que dar a volta.
für hier (Sie-)geht schlecht, (Sie-)hat dass geben die Runde
Hier sind Sie falsch, Sie müssen umkehren.

aquí	hier
aí	da
alá	dort
á esquerda	nach links
á dereita	nach rechts
todo recto	geradeaus

... mit öffentlichen Verkehrsmitteln

Vor allem auf dem Land und an der Küste spielen die Busse eine große Rolle, weil die kleinen Orte in der Regel keine Zugverbindung haben.

o autobús	der Bus
a estación de autobuses	der Busbahnhof
o tren	der Zug
a estación (de tren)	der Bahnhof
o avión	das Flugzeug
o aeroporto	der Flughafen

(DCN)

Fischerboote vor der Küste

o barco	das Boot
o porto	der Hafen
o billete	die Fahrkarte
o horario	der Fahrplan
a saída	die Abfahrt
a chegada	die Ankunft
o andén	der Bahn-, Bussteig
a vía	das Gleis
a parada	die Haltestelle
o asento	der Sitzplatz
a taquilla	Fahrkartenschalter
a equipaxe	das Gepäck
a consigna	die Gepäckaufbewahrung
o atraso	die Verspätung

A que hora sae o autobús a Noia?
zu was Stunde rausgeht der Autobus zu Noia
Um wieviel Uhr fährt der (nächste) Bus nach Noia?

Onde para o autobús?
wo hält der Autobus
Wo hält der Bus?

A que hora hai tren á Coruña?
zu was Stunde (es-)gibt Zug zu Coruña
Um wieviel Uhr fahren Züge nach A Coruña?

Dous billetes de ida e volta.
zwei Fahrkarten von Hinfahrt und Rückfahrt
Zwei Rückfahrkarten.

Hai que facer algún trasbordo?
(es-)gibt dass machen irgendein Umsteigen
Muss man irgendwo umsteigen?

Auf einigen Strecken (z. B. zum Flughafen) gibt es manchmal Pauschalpreise. Diese können nachts nochmal höher sein als tagsüber, auch für (größere) Gepäckstücke muss man unter Umständen extra bezahlen.

Fragen Sie beim Einsteigen nach dem Preis und verlangen Sie im Zweifelsfall eine Quittung.

o taxi	das Taxi
libre	frei
ocupado	besetzt

Ó aeroporto, por favor.
zu-der Flughafen, bitte
Zum Flughafen, bitte.

Por canto vai saír?
für wieviel (es-)geht rausgehen
Wieviel wird das kosten?

Está así.
(es-)ist so
Stimmt so.

Pódeme dar unha factura?
(Sie-)kann-mir geben eine Rechnung
Können Sie mir bitte eine Quittung geben?

... mit dem Auto

o coche	Auto
a moto	Motorrad
o carné de conducir	Führerschein
o seguro	Versicherung
a autoestrada	Autobahn
a peaxe	Autobahngebühr
a área de servicio	Rasthof
a saída	Ausfahrt
o desvío	Umleitung
precaución	Vorsicht
perigo	Gefahr
obras	Baustelle
o aparcadoiro	Parkplatz
ceda o paso	Vorfahrt gewähren
vado permanente	Einfahrt Tag und Nacht freihalten
prohibido aparcar	Parken verboten
o atasco	Stau
a multa	Bußgeld

Onde hai unha gasolineira?
wo (es-)gibt eine Tankstelle
Wo gibt es hier eine Tankstelle?

O depósito cheo, por favor.
der Tank voll, bitte
Volltanken bitte.

Vinte euros de noventa e cinco.
zwanzig Euros von neunzig und fünf (= 95 Oktan)
Super für zwanzig Euro.

Vinte litros de diesel.
zwanzig Liter von Diesel
Zwanzig Liter Diesel.

gasolina	Benzin
aire	Luft
o aceite	Öl
noventa e cinco	Super
diesel	Diesel
auga	Wasser

Temos unha avaría, pódenos axudar?
(wir-)haben eine Panne, (Sie-)kann-uns helfen
Wir haben eine Panne, können Sie uns helfen?

Os freos están mal.
die Bremsen sind schlecht
Die Bremsen funktionieren nicht richtig.

Necesitamos unha grúa.
(wir-)brauchen eine Abschleppwagen
Wir brauchen einen Abschleppwagen.

Temos unha roda pinchada.
(wir-)haben eine Rad gestochen
Unser Reifen hat ein Loch.

Onde queda o taller máis próximo?
wo bleibt der Werkstatt mehr nächste
Wo ist die nächste Autowerkstatt?

a peza de recambio	das Ersatzteil
o arranque	der Anlasser
o tubo de escape	der Auspuff
a batería	die Batterie
os freos	die Bremsen
a caixa de cambios	das Getriebe
a correa do ventilador	der Keilriemen
o embrague	die Kupplung
a dirección	die Lenkung
o motor	der Motor
as rodas	die Reifen
as luces	die Scheinwerfer
o amortecedor	der Stoßdämpfer
o carburador	der Vergaser
a buxía	die Zündkerze

Tivemos un accidente.
(wir-)hatten ein Unfall
Wir hatten einen Unfall.

Avise á policia.
benachrichtigen(-Sie) zu-die Polizei
Benachrichtigen Sie die Polizei.

Chame unha ambulancia.
rufen(-Sie) eine Krankenwagen
Rufen Sie einen Krankenwagen.

... mit dem Fahrrad

a bicicleta	Fahrrad
as zapatas	Bremsbeläge
os parches	Flicken
a bomba	Luftpumpe
a cámara	Schlauch
a válvula	Ventil

Da die Teile des Fahrrads zum Teil mit denen des Autos übereinstimmen, siehe auch die vorige Liste.

Pódense levar bicicletas neste tren?
(es-)können-sich mitnehmen Fahrräder in-dieser Zug
Kann man in diesem Zug Fahrräder mitnehmen?

Teñen un lugar para deixar a bicicleta?
(Sie-)haben ein Platz für lassen die Fahrrad
Haben Sie einen Platz, wo ich das Fahrrad lassen kann?

... auf dem Jakobsweg

Vou ben por aquí polo Camiño de Santiago?
(ich-)gehe gut für hier für-der Weg von Santiago
Bin ich hier richtig auf dem Jakobsweg?

Onde se sela a credencial de peregrino?
wo sich stempelt die Urkunde von Pilger
Wo bekommt man den Stempel
für die Pilgerurkunde?

Onde está o albergue de peregrinos?
wo ist der Herberge von Pilger
Wo ist die Pilgerherberge?

Perdinme.
(ich-)verlor-mich
Ich habe mich verlaufen.

Auf dem Land

a paisaxe	Landschaft
a montaña	Gebirge
o monte	Berg
o río	Fluss
o prado	Wiese
o bosque	Wald
a árbore	Baum
o piñeiro	Kiefer
o eucalipto	Eukalyptus
o carballo	Eiche
o toxo	Stechginster
o animal	Tier
a vaca	Kuh
o cabalo	Pferd

Fomos dar un paseo.
(wir-)gingen geben ein Spaziergang
Wir sind spazieren gegangen.

A onde vai este camiño?
zu wo geht dieser Weg
Wohin führt dieser Weg?

Sabe onde hai unha fonte?
(Sie-)weiß wo (es-)gibt eine Quelle
Wissen Sie, wo es hier eine Quelle gibt?

Queda moito para ...?
(es-)bleibt viel für ...
Ist es noch weit nach/bis ...?

(DCN)

Galicisches Blondvieh

An der Küste

a costa	Küste
o mar	Meer
a praia	Strand
a praia nudista	FKK-Strand
o acantilado	Steilküste
a rocha	Felsen
a area	Sand
a ría	Ria (fjordähnliche Flussmündung)
o porto	Hafen
o faro	Leuchtturm
marea alta	Flut
marea baixa	Ebbe
a onda	Welle
a corrente	Strömung

Hai un camiño para baixar á praia?
(es-)gibt ein Weg für runtergehen zu-die Strand
Gibt es einen Weg runter zum Strand?

É perigoso nadar aquí?
(es-)ist gefährlich schwimmen hier
Ist es gefährlich, hier zu schwimmen?

Está fría a auga?
ist kalt die Wasser
Ist das Wasser kalt?

Canto custa alugar unha táboa de windsurf?
wieviel (es-)kostet mieten eine Brett von Windsurf
Wieviel kostet es, ein Surfbrett zu mieten?

Onte pola tarde tomamos o sol na praia.
gestern für-die Nachmittag (wir-)nahmen der Sonne in-die Strand
Gestern nachmittag haben wir uns am Strand gesonnt.

espido/a	nackt
o bañador	Badehose
o traxe de baño	Badeanzug
o biquini	Bikini
top less	oben ohne
a crema protectora	Sonnencreme
as lentes de sol	Sonnenbrille
a sombrilla	Sonnenschirm
o posto de socorro	Rettungswache
o ourizo	Seeigel
a medusa	Feuerqualle

Volksfeste

Traditionellerweise isst man auf galicischen Festen Tintenfisch (pulpo) mit Brot und Rotwein. Achtung: Brot und Wein kauft man an einem anderen Stand als den pulpo.

festa	Fest
verbena	Sommernachtsfest
feira	Eine Mischung aus Markt und Volksfest, die in praktisch allen Gegenden Galiciens zu finden ist; es gibt kleinere feiras, die jede Woche stattfinden und eher einem Markt entsprechen, und größere, die vielleicht nur einmal im Jahr stattfinden, oft mit einem bestimmten Thema (z. B. Feira do Queixo - Fest des Käses) und eher Volksfestcharakter haben.
romaría	Religiöses Fest zu Ehren eines Heiligen. Morgens ist Gottesdienst und nachmittags wird draußen gefeiert.

(DCN)

Tanzende Cabezudos

Bevor man auf einer feira *etwas kauft, empfiehlt es sich, nach dem Preis zu fragen. Es ist auch durchaus üblich zu handeln.*

Unha ración de pulpo para catro.
eine Portion von Tintenfisch für vier
Eine Portion Tintenfisch für 4 Personen, bitte.

Pan e dúas botellas de viño tinto.
Brot und zwei Flaschen von Wein rot
Brot und zwei Flaschen Rotwein, bitte.

Canto custan as rosquillas?
wieviel kosten die Kringel
Was kosten die süßen Kringel?

Quere mel?
(Sie-)will Honig
Möchten Sie Honig?

A como é?
zu wie (er-)ist
Was kostet er?

A ... euros o bote.
zu ... Euros der Glas
... Euro das Glas.

os foguetes	Feuerwerk
a orquestra	Orchester
a banda de gaitas	Dudelsackkapelle
a procesión	Prozession
a misa	Messe

Veña, que xa toca a banda de música.
komm, dass schon berührt die Gruppe von Musik
Komm, die Musikkapelle fängt an zu spielen.

Que de xente hai aquí!
was von Leute (es-)gibt hier
Sind hier viele Leute!

Übernachten

o camping	Campingplatz
o albergue xuvenil	Jugendherberge
o albergue	Herberge, Hostel
o hotel	Hotel
o hostal	einfaches Hotel
a pensión	Pension
a casa	Haus
a casa rural	Haus auf dem Land, wo Zimmer vermietet werden
o apartamento	Appartement
a habitación	Zimmer
media pensión	Halbpension
pensión completa	Vollpension
o almorzo	Frühstück

Hai un camping por aquí?
(es-)gibt einen Campingplatz herum hier
Gibt es hier irgendwo einen Campingplatz?

Hai praza para unha tenda e máis un coche?
(es-)gibt Platz für eine Zelt und mehr ein Auto
Haben Sie Platz für ein Zelt und ein Auto?

Quero unha habitación dobre con baño.
(ich-)will eine Zimmer doppeltmit Bad
Ich möchte ein Doppelzimmer mit Bad.

Hai ducha?
(es-)gibt Dusche
Gibt es eine Dusche?

Podemos ver a habitación?
(wir-)können sehen die Zimmer
Können wir das Zimmer sehen?

Vale, quedo/quedamos.
(es-)gilt, (ich-)bleibe/(wir-)bleiben
Gut, ich/wir nehme(n) es.

Teñen unha habitación que da á rúa?
(Sie-)haben eine Zimmer das gibt zu-die Straße
Haben Sie ein Zimmer zur Straße?

Teñen unha habitación que da á praia?
(Sie-)haben eine Zimmer das gibt zu-die Strand
Haben Sie ein Zimmer zum Strand?

Pódeme despertar ás sete?
(Sie-)kann-mich wecken zu-die sieben
Können Sie mich um sieben wecken?

Teño unha habitación reservada a nome de ....
(ich-)habe eine Zimmer reserviert zu Name von ...
Ich habe auf den Namen ... ein Zimmer reserviert.

o pasaporte	Reisepass
a chave	Schlüssel
o cuarto de baño	Badezimmer
a toalla	Handtuch
a cama	Bett
a manta	Bettdecke
as sabas	Laken

Einkaufen

Canto custa ...?
wieviel kostet ...
Was kostet ...?

Non teño solto.
nicht (ich-)habe Wechsel
Ich habe es nicht klein.

A que hora abre/pecha o supermercado?
zu was Stunde öffnet/schließt der Supermarkt
Um wieviel Uhr macht der Supermarkt auf/zu?

Bo día, teñen xornais alemáns?
gut Tag, (Sie-)haben Zeitungen deutsche
Guten Tag, haben Sie deutsche Zeitungen?

Pódeme axudar? Busco un plano de Vigo.
(Sie-)kann-mir helfen, (ich-)suche ein Stadtplan von Vigo
Können Sie mir helfen? Ich suche einen Stadtplan von Vigo.

Outra cousa non hai?
andere Sache nicht (es-)gibt
Haben Sie nicht noch etwas anderes?

Podo pagar con tarxeta?
(ich-)kann bezahlen mit Karte
Kann ich mit Karte bezahlen?

Acepta tarxeta de crédito?
(Sie-)akzeptiert Karte von Kredit
Nehmen Sie Kreditkarten?

o supermercado	Supermarkt
o mercado	Markt
a panadería	Bäckerei
a peixería	Fischgeschäft
a carnicería	Metzgerei
a tenda	Geschäft
a zapatería	Schuhgeschäft
a librería	Buchhandlung
o kiosko	Kiosk
o estanco	Tabakladen, in dem es auch Briefmarken gibt
aberto	geöffnet
pechado	geschlossen
as rebaixas	Schlussverkauf
a oferta	Sonderangebot

Necesito un par de zapatos.
(ich-)brauche ein Paar von Schuhe
Ich brauche ein Paar Schuhe.

Pódoos probar?
(ich-)kann-sie probieren
Kann ich sie anprobieren?

É moi caro, non hai outros máis baratos?
(es-)ist sehr teuer, nicht (es-)gibt andere mehr billige
Das ist sehr teuer, haben Sie keine billigeren?

Máis/menos talla, non hai?
mehr/weniger Größe, nicht (es-)gibt
Haben Sie die vielleicht eine Nummer größer/kleiner?

Tenos tamén en azul?
(Sie-)hat-sie auch in blau
Haben Sie die auch in blau?

Quedo con estes.
(ich-)bleibe mit diese
Die nehme ich.

a roupa Kleidung	
o pantalón	Hose
a saia	Rock
o vestido	Kleid
o xersei	Pullover
a camisa	Hemd, Bluse
a camiseta	T-Shirt
os calcetíns	Socken
as medias enteiras	Strumpfhose
as bragas	Damenslip
os calzóns	Herrenslip
o algodón	Baumwolle
a lá	Wolle
os zapatos	Schuhe
as botas	Stiefel
as sandalias	Sandalen

o libro	Buch
o xornal	Zeitung
a revista	Zeitschrift
as pilas	Batterien
o paquete de tabaco	Schachtel Zigaretten
o tabaco de liar	(Dreh-)Tabak
o papel de liar	Blättchen

o mecheiro	Feuerzeug
os mistos	Streichhölzer
o bolígrafo	Kugelschreiber

os alimentos Lebensmittel	
o queixo	Käse
o mel	Honig
o leite	Milch
as galletas	Kekse
o chocolate	Schokolade
a bola de pan	Laib Brot
a barra de pan	Baguette
a pasta	Nudeln
o arroz	Reis
o embutido	Aufschnitt
as salchichas	Würstchen
o xamón	Schinken
unha lata de ...	eine Dose ...
un paquete de ...	eine Packung ...
un litro de ...	ein Liter ...
unha botella de ...	eine Flasche ...

Auf dem Markt

A como están os pementos?
zu wie sind die Paprika
Was kosten die Paprika?

Son do país?
(sie-)sind von-der Land
Sind die von hier?

Non os levo.
nicht sie (ich-)mitnehme
Ich nehme sie nicht.

(KD)

Markt in Santiago

Póñame un kilo de mazás.
legen(-Sie)-mir ein Kilo von Äpfel
Geben Sie mir bitte ein Kilo Äpfel.

Algo máis?
etwas mehr
Noch etwas?

Xa está todo.
schon (es-)ist alles
Das ist alles.

Deixe. Xa teño eu bolsa.
lassen(-Sie). schon habe ich Tasche
Danke, ich habe eine Tasche dabei.

a froita das Obst	
as laranxas	Orangen
os limóns	Zitronen
os plátanos	Bananen
as peras	Birnen
os pexegos	Pfirsiche
a sandía	Wassermelone
o melón	Honigmelone
as uvas	Trauben
as mazás	Äpfel

as verduras das Gemüse	
as patacas	Kartoffeln
as cebolas	Zwiebeln
os allos	Knoblauch
a leituga	Salat
os porros	Lauch
os tomates	Tomaten
as cenouras	Möhren
as cabaciñas	Zucchini
os pementos	Paprika

Geld und Bank

os cartos / o diñeiro	Geld
os billetes	Geldscheine
as moedas	Münzen
o banco	Bank
o caixeiro automático	Geldautomat
a tarxeta (de crédito)	(Kredit-)Karte
a conta	Konto
a transferencia	Überweisung
francos suízos	Schweizer Franken

Pódesme / Pódeme cambiar dez euros en moedas?
(du-)kannst-mir / (Sie-)kann-mir wechseln zehn Euros in Münzen
Kannst du / Können Sie mir 10 Euro kleinmachen?

Quero cambiar douscentos francos suízos en euros.
(ich-)will wechseln zweihundert Franken Schweizer in Euros
Ich möchte 200 Schweizer Franken in Euro wechseln.

A como está o cambio do franco?
zu wie ist der Wechsel von-der Franken
Wie ist der Wechselkurs des Franken?

Podo cambiar aquí cheques de viaxe?
(ich-)kann wechseln hier Schecks von Reise
Kann ich hier Reiseschecks einlösen?

Quero sacar douscentos cincuenta euros desta conta.
(ich-)will rausholen zweihundert fünfzig Euros von-diese Konto
Ich möchte 250 € von diesem Konto abheben.

O caixeiro non me devolve a tarxeta.
der Geldautomat nicht mir zurückgibt die Karte
Der Geldautomat hat meine Karte einbehalten.

Teño unha tarxeta ...
(ich-)habe eine Karte ...
Ich habe eine ...-karte.

Post und Telefon

Briefmarken kann man nicht nur bei der Post, sondern auch in praktisch allen estancos, den Tabakläden, kaufen.

Correos	Post
a carta	Brief
a postal	Postkarte
o sobre	Umschlag
o selo	Briefmarke
o paquete	Paket
a caixa de correos	Briefkasten
o estranxeiro	Ausland
o enderezo	Adresse
o código postal	Postleitzahl
o/a destinatario/a	Empfänger/-in
o/a remitente	Absender/-in

Quero cinco selos para Suíza.
(ich-)will fünf Briefmarken für Schweiz
Ich möchte fünf Briefmarken
für die Schweiz.

Canto custa mandar unha carta urxente a Alemaña?
wieviel (es-)kostet schicken eine Brief dringend zu Deutschland
Was kostet ein Eilbrief nach Deutschland?

Quero facer unha fotocopia.
(ich-)will machen eine Fotokopie
Ich möchte etwas kopieren.

Canto tarda este paquete a Austria?
wieviel dauert dieser Paket zu Österreich
Wie lange braucht dieses Paket nach Österreich?

Onde hai unha cabina de teléfonos por aquí?
wo (es-)gibt eine Kabine von Telefone für hier
Wo gibt es hier eine Telefonzelle?

o teléfono	Telefon
a cabina	Telefonzelle
o prefiro	Vorwahl
o móbil	Mobiltelefon, Handy
o cargador	Ladegerät
o ciber	Internetcafé

Podo chamar por teléfono?
(ich-)kann rufen durch Telefon
Kann ich mal telefonieren?

Comunica.
(es-)kommuniziert
Es ist besetzt.

Podo imprimir aquí algo?
(ich-)kann drucken hier etwas
Kann ich hier etwas ausdrucken?

Quero mercar unha tarxeta de prepago.
(ich-)will kaufen eine Karte von Vorauszahlung
Ich hätte gern eine Prepaid-Karte.

O meu número de teléfono é ...
der mein Nummer von Telefon ist ...
Meine Telefonnummer ist ...

Mándame unha mensaxe.
schick-mir eine Nachricht
Schick mir eine SMS.

Fotografieren

a tenda de fotos	Fotogeschäft
a cámara	Kamera
o obxetivo	Objektiv
o flash	Blitz
unha tarxeta de memoria	Speicherkarte

Fan fotos de carné?
(Sie-)machen Fotos von Ausweis
Machen Sie Passbilder?

Pódese sacar fotos aquí?
(es-)kann-sich rausholen Fotos hier
Kann man hier fotografieren?

Perdoa, pódesnos sacar unha foto?
entschuldige, (du-)kannst-uns rausholen eine Foto
Entschuldige, könntest du ein Foto von uns machen?

Polizei

Es gibt drei verschiedene Typen von Polizei: die örtliche (Policía local), die staatliche (Policía nacional) und die Guarda-civil. Wenn Sie ein Problem haben, wenden Sie sich am besten an die Policía local. Die Policía nacional hat v. a. mit Verbrechensbekämpfung und öffentlicher Sicherheit zu tun, während die Guarda-civil sich um den Verkehr kümmert.

Allerdings sind sich die einzelnen Institutionen untereinander selbst nicht immer einig, wer wofür zuständig ist …

Como se chega á comisaría?
wie sich (es-)ankommt zu-die Polizeiwache
Wie komme ich zur Polizeiwache?

Pódeme axudar?
(Sie-)kann-mir helfen
Können Sie mir helfen?

Perdín a carteira.
(ich-)verlor die Brieftasche
Ich habe meine Brieftasche verloren.

Entráronme no coche.
(sie-)reinkamen-mir in-der Auto
Mein Auto wurde aufgebrochen.

Roubáronme a cámara de fotos.
(sie-)stahlen-mir die Kamera von Fotos
Mein Fotoapparat wurde gestohlen.

Atacáronme.
(sie-)überfielen-mich
Ich bin überfallen worden.

Violáronme.
(sie-)vergewaltigten-mich
Ich bin vergewaltigt worden.

Quero facer unha denuncia.
(ich-)will machen eine Anzeige
Ich möchte Anzeige erstatten.

Necesito unha copia da denuncia para a compañía de seguros.
(ich-)brauche eine Kopie von-die Anzeige für die Gesellschaft von Versicherung
Ich brauche eine Kopie der Anzeige für die Versicherung.

Quero chamar á embaixada/ó consulado.
(ich-)will rufen zu-die Botschaft/zu-der Konsulat
Ich möchte die Botschaft/das Konsulat anrufen.

Krank sein

o hospital	Krankenhaus
Urxencias	Notdienst
o/a médico/a	Arzt/Ärztin
o/a dentista	Zahnarzt/-ärztin

Necesito que me atende un médico.
(ich-)brauche dass mich betreut ein Arzt
Ich möchte einen Arzt konsultieren.

Teño aquí a tarxeta do seguro.
(ich-)habe hier die Karte von-dem Versicherung
Ich habe hier die Versichertenkarte.

Non me atopo ben.
nicht mich (ich-)finde gut.
Mir geht es nicht gut.

Estou enfermo/a.
(ich-)bin krank
Ich bin krank.

Tiven un accidente.
(ich-)hatte ein Unfall
Ich hatte einen Unfall.

Caín.
(ich-) stürzte
Ich bin gestürzt.

Hai alguén que fale alemán/inglés/francés?
(es-)gibt jemand der spricht deutsch/englisch/französisch
Spricht hier jemand Deutsch/Englisch/Französisch?

Necesito unha factura para o meu seguro privado.
(ich-)brauche eine Rechnung für der mein Versicherung privat
Ich brauche eine Rechnung für meine Privatversicherung.

Dóeme ...	Mir tut ... weh.
a cabeza	der Kopf
a gorxa	der Hals
o oído	das Ohr
o ollo	das Auge
o dente	der Zahn
o estómago	der Magen
o baixo-ventre	der Unterleib

Manquei ...	Ich habe mir ... verletzt.
o brazo	der Arm
a man	die Hand
a perna	das Bein
o xeonllo	das Knie
o pé	der Fuß
o lombo	der Rücken

Creo que rompín unha costela.
(ich-)glaube dass (ich-)brach eine Rippe
Ich glaube, ich habe mir eine Rippe gebrochen.

Dóeme aquí.
(es-)schmerzt-mich hier
Mir tut es hier weh.

Estou mareado/a.
(ich-)bin schwindelig
Mir ist schwindelig.

Vomitei.
(ich-)erbrach
Ich habe mich übergeben.

Caín.
(ich-)fiel
Ich bin hingefallen.

Traboume un can.
biss-mich ein Hund
Ein Hund hat mich gebissen.

Pisei un ourizo.
(ich-)trat ein Seeigel
Ich bin in einen Seeigel getreten.

Pisei unha medusa.
(ich-)trat eine Feuerqualle
Ich bin in eine Feuerqualle getreten.

Picoume unha vespa / unha abella / un mosquito.
stach-mich eine Wespe / eine Biene / ein Mücke
Eine Wespe / Biene / Mücke hat mich gestochen.

Teño bochas nos pés.
(ich-)habe Blasen an-den Füßen
Ich habe Blasen an den Füßen.

Teño ...	ich habe ...
febre	Fieber
arrefriado	Erkältung
tos	Husten
diarrea	Durchfall
hemorraxias	Blutungen
insolación	Sonnenstich
queimaduras	Verbrennungen
bochas	Blasen

Son diabético/a.
(ich-)bin Diabetiker/-in
Ich bin Diabetiker/-in.

Son hemofílico/a.
(ich-)bin Bluter/-in
Ich bin Bluter/-in.

Son alérxico/a a ...
(ich-)bin allergisch zu ...
Ich bin allergisch gegen ...

Estou embarazada.
(ich-)bin schwanger
Ich bin schwanger.

Estou con medicación.
(ich-)bin mit Medikation
Ich nehme zur Zeit Medikamente.

Tome unha pastilla ...
nehmen(-Sie) eine Tablette
Nehmen Sie eine Tablette ...

tres veces ó día
drei Male zu-der Tag
dreimal täglich

antes das comidas
vor von-die Essen
vor den Mahlzeiten

despois das comidas
nach von-die Essen
nach den Mahlzeiten

durante unha semana
während eine Woche
eine Woche lang

a farmacia	Apotheke
a receita	Rezept
o medicamento	Medikament
as pastillas	Tabletten
as gotas	Tropfen
a inxección	Injektion
a pomada	Salbe
os supositorios	Zäpfchen
as tiritas	Pflaster
a venda	Binde
o analxésico	Schmerzmittel

Teñen algo para a dor de cabeza?
(Sie-)haben etwas für die Schmerz von Kopf
Haben sie etwas gegen Kopfschmerzen?

Quero unha pomada para as picaduras de insectos.
(ich-)will eine Salbe für die Stiche von Insekten
Ich möchte bitte eine Salbe für Insektenstiche.

Persönliche Hygiene

a droguería	Drogerie
o xabón	Seife
o champú	Shampoo
o xel de ducha	Duschgel
o cepillo de dentes	Zahnbürste
a pasta de dentes	Zahnpasta
o desodorante	Deo
a crema	Creme
as cuchillas de afeitar	Rasierklingen
a escuma de afeitar	Rasierschaum
as compresas	Binden
os tampóns	Tampons
o peite	Kamm
o papel hixiénico	Toilettenpapier
os panos de papel	Papiertaschentücher
os condóns	Kondome
o deterxente	Waschmittel

a óptica - der Optiker

Rompín as lentes.
(ich-)zerbrach die Linsen
Mir ist die Brille kaputtgegangen.

Perdín unha lente de contacto.
(ich-)verlor eine Linse von Kontakt
Ich habe eine Kontaktlinse verloren.

Por favor, unha botella de líquido para lavar / gardar as lentes de contacto.
bitte, eine Flasche von Flüssigkeit für waschen / aufbewahren die Linsen von Kontakt
Eine Flasche mit Reinigungs- / Aufbewahrungsflüssigkeit für Kontaktlinsen, bitte.

Liebe und Sexualität

Namorei de ti.
(ich-)verliebte von dich
Ich habe mich in dich verliebt.

Quérote.
(ich-)liebe-dich
Ich liebe dich.

Gústasme moito.
(du-)gefällst-mir viel
Du gefällst mir sehr.

Es moi simpático/a.
(du-)bist sehr sympathisch
Du bist sehr nett.

Tes os ollos moi lindos.
(du-)hast die Augen sehr schöne
Du hast sehr schöne Augen.

Mira, este/esta rapaz/-a, que guapo/a é.
schau, dieser/diese Junge/Mädchen,
was hübsch (er/sie-)ist
Schau mal, dieser Typ/diese Frau,
wie gut der/die aussieht.

Imos a un lugar máis tranquilo?
(wir-)gehen zu ein Ort mehr ruhig
Gehen wir irgendwohin, wo es ruhiger ist?

Saímos dar unha volta?
(wir-)ausgehen geben eine Runde
Gehen wir eine Runde spazieren?

Queres vir a casa esta noite?
(du-)willst kommen zu Haus diese Nacht
Willst du heute nacht mit zu mir kommen?

Non quero durmir contigo.
nicht (ich-)will schlafen mit-dir
Ich will nicht mit dir schlafen.

Xa teño mozo/a.
schon (ich-)habe Junge / Mädchen
Ich habe schon eine/n Freund/-in.

o amor	Liebe
o sexo	Sex
ligar	flirten
lesbiana	lesbisch
gai	schwul
bisexual	bi
heterosexual	hetero
o corpo	Körper
o peito	Brust
o pene	Penis
a vaxina	Vagina
o cú	Po
os anticonceptivos	Verhütungsmittel
a pílula	Pille
o condón	Kondom
o bico	Kuss
o aloumiño	Zärtlichkeit
a aperta	Umarmung
acariñar	streicheln
a SIDA	AIDS

Gefühls- und Meinungsäußerungen

Estou ...
Ich bin ...

triste	traurig
encantado/a	erfreut
enfadado/a	verärgert
feliz	glücklich
aburrido/a	gelangweilt
canso/a	müde
preocupado/a	besorgt
contento/a	fröhlich
satisfeito	zufrieden

Estou ben/mal
(ich-)bin gut/schlecht
Mir geht es gut/schlecht.

Ando amolado/a.
(ich-)gehe genervt
Ich bin genervt.

Pásoo moi ben!
(ich-)verbringe-es sehr gut
Ich amüsiere mich prächtig!

Estupendo!
prima
Prima!

Que ben!
was gut
Super!

Canto me alegro!
wieviel mich (ich-)freue
Ich freue mich sehr!

Sorte!
Glück
Viel Glück!

Oxalá!
hoffentlich
Hoffentlich!

Non me gusta nada o que dixeches.
nicht mir gefällt nichts der was (du-)sagtest
Was du da gesagt hast,
gefällt mir überhaupt nicht.

Que sorpresa!
was Überraschung
Was für eine Überraschung!

Pois non o sabía.
denn nicht der (ich-)wusste
Das habe ich nicht gewusst.

Que mágoa!
was Kummer
Wie schade!

Logo, que pasou?
dann, was passierte
Was ist denn passiert?

Teño medo.
(ich-)habe Angst
Ich habe Angst.

Que noxo!
was Ekel
Iih!

Penso que ...
(ich-)denke dass
Ich denke, dass ...

Coido que ...
(ich-)erachte dass
Ich bin der Meinung, dass ...

É verdade.
(es-)ist Wahrheit
Das stimmt.

Levas razón.
(du-)mitnimmst Recht
Du hast recht.

De ningunha maneira!
von keine Weise
Auf keinen Fall!

Estou de acordo.
(ich-)bin von Übereinstimmung
Ich bin einverstanden.

Non estou de acordo.
nicht (ich-)bin von Übereinstimmung
Ich bin nicht einverstanden.

Que dis, ho!
was (du-)sagst, ho
So ein Quatsch!

Non me gusta nada o marisco.
nicht mir gefällt nichts der Meeresfrucht
Meeresfrüchte mag ich überhaupt nicht.

Gústame moito nadar.
(es-)gefällt-mir viel schwimmen
Ich schwimme sehr gerne.

Teño ganas de tomar unha cervexa.
(ich-)habe Lüste von nehmen eine Bier
Ich habe Lust, ein Bier zu trinken.

É ... der/die/das ist ...

lindo/a	schön
agradable	angenehm
divertido/a	lustig
fantástico/a	phantastisch
incrible	unglaublich
pesado/a	nervig
horroroso/a	furchtbar
insoportable	unerträglich

Schimpfen, fluchen, sich wehren

Ti es o demo!
du bist der Teufel
Du bist ja wohl verrückt!

Que porco/a es!
was Schwein/Sau (du-)bist
Was bist du für ein Schwein!

Ti o que es é un cabrón.
du der was bist ist ein Ziegenbock
Du bist echt ein Arschloch.

Cago en ti!
(ich-)scheiße in dich
Ich scheiß auf dich!

Vai rañar (o carallo/a cona)!
geh kratzen (der Schwanz/die Möse)
Leck mich am Arsch!

Vai a merda!
geh zu Scheiße
Geh zur Hölle!

Deixame en paz!
lass-mich in Frieden
Lass mich in Ruhe!

Lisca!
abhau
Verpiss dich!

Non me toques!
nicht mich berühr
Fass mich nicht an!

Non sexas pesado/a.
nicht sei schwer
Nerv nicht!

Ese tipo amólame.
dieser Typ belästigt-mich
Dieser Typ hier belästigt mich.

Socorro!
Hilfe
Hilfe!

Zum Teil hören sich die galicischen Kraftausdrücke für deutsche Ohren ordinärer an, als sie sind. So ist z. B. das spanische joder (sprich: choder; ficken) auch in Galicien sehr beliebt und taucht teilweise in jedem dritten Satz auf. Die Bedeutung reicht vom Ausdruck der Bewunderung über Erstaunen bis zur Verärgerung, ist aber durchaus harmlos (abhängig natürlich vom Kontext, in dem der Ausdruck benutzt wird). Ähnlich auch: Carallo! (Schwanz) und Hostia! (Hostie).

Nichts verstanden? – Weiterlernen!

Non falo moito galego.
nicht (ich-)spreche viel galicisch
Ich spreche nicht besonders gut Galicisch.

Non sei falar castelán.
nicht (ich-)weiß sprechen kastilisch
Ich kann kein Spanisch.

Por favor, fale máis a modo.
bitte, sprechen(-Sie) mehr zu Art
Bitte sprechen Sie langsamer.

Podes repetir?
(du-)kannst wiederholen
Nochmal, bitte.

Non entendín.
nicht (ich-)verstand
Ich habe nicht verstanden.

Como?
wie
Wie bitte?

Falas alemán/inglés/francés?
(du-)sprichst deutsch/englisch/französisch
Sprichst du Deutsch/Englisch/Französisch?

Que significa ...?
was bedeutet ...
Was bedeutet ...?

Como se di ... en galego?
wie sich (es-)sagt ... in galicisch
Wie sagt man ... auf Galicisch?

Como se pronuncia isto?
wie sich ausspricht dies
Wie spricht man das aus?

Pódeo escribir?
(Sie-)kann-es schreiben
Können Sie das bitte aufschreiben?

Literaturtipps zum Weiterlernen

Ein guter Einstieg, um etwas auf Galicisch zu lesen, sind Kinderbücher oder Comics. In der Regel ist die Sprache relativ einfach, und unter den Comics finden Sie sicher ein paar, die Sie schon auf Deutsch kennen (Asterix, Tim und Struppi ...).

Material auf Deutsch zum Galicischlernen gibt es bisher nicht.

Wer sich ein bisschen ins Galicische eingehört hat, kann seine Kenntnisse mit folgendem Buch vertiefen, das Übungen zu verschiedenen Bereichen der Grammatik enthält: Antonio Colmenero Cal, *Novas prácticas de lingua*, Ponte Caldelas: Edicións do Cumio 2010. Dazu gibt es auch ein Lehrerhandbuch.

Bei den zweisprachigen Wörterbüchern muss man sich mit dem Umweg über Spanisch oder Englisch behelfen. Da gibt es z. B.: *Diccionario esencial galego-castelán, castellano-gallego*, Barcelona: VOX 2012; und: Benigno Fernández Salgado, *Diccionario elemental inglés-galego/galego-inglés*, Vigo: Edicións Xerais de Galicia 1999.

Wörterlisten

Die folgenden Wörterlisten enthalten jeweils gut 1000 Begriffe, die einen Grundwortschatz des Galicischen darstellen. Wörter aus den Themenbereichen Essen und Trinken, Kleidung, Körperteile, Autoteile, Farben und Zahlen sind nicht aufgenommen, da sie problemlos den Listen des Konversationsteils entnommen werden können.

Hinter den galicischen Hauptwörtern steht entweder *(m)* für männlich oder *(w)* für weiblich, um das Geschlecht zu kennzeichnen, und in einigen Fällen *(Ez)* oder *(Mz)*, wenn das Wort im Galicischen nur in der Einzahl oder Mehrzahl benutzt wird. Die Wörter, die sowohl eine männliche als auch eine weibliche Endung haben können (z. B. Eigenschaftswörter, Berufsbezeichnungen), sind in ihrer männlichen Form aufgeführt, hinter dem Schrägstrich folgt die weibliche Endung.

Arbeiter/-in	**traballador/-a**
alt	**vello/a**

Der Bindestrich bedeutet, dass die weibliche Endung an die männliche Form angehängt wird (traballadora), ansonsten ersetzt sie die männliche Endung (vella). In Zweifelsfällen sind beide Formen ausgeschrieben. Taucht nur eine Form auf, heißt das, dass die männliche und die weibliche Variante identisch sind und nur der Artikel unterschiedlich ist:

Dolmetscher/-in	**intérprete**

Denken Sie auch daran, dass bei den rückbezüglichen Tätigkeitswörtern im Galicischen ein -se an die übliche Form angehängt ist:

sich ausziehen	**espirse**

Ein Verb, das im Galicischen rückbezüglich ist, muss dies nicht auch im Deutschen sein.

Wörterliste Deutsch – Galicisch

Praia das Catedrais

A

Abend serán *(m)*
Abendessen cea *(w)*
aber pero
abfahren/abfliegen saír
abreisen marchar
abschleppen remolcar
absichtlich adrede
Adapter adaptador *(m)*
Adresse enderezo *(m)*
Alkohol alcol *(m)*
allein so/soa
alles todo
als (zeitl.) cando
als (Vergleich) cá
also daquela
alt vello/a
Alter/Alte vello/a
Alter (Lebens-) idade *(w)*
Andenken recordo *(m)*
anfangen comezar
Angestellte/r empregado/a
Angst medo *(m)*
anhalten parar
ankommen chegar
Ankunft chegada *(w)*
anrufen chamar por teléfono
anschalten acender
Antwort resposta *(w)*
antworten responder
Anwalt/Anwältin avogado/a
Anzeige (Zeitung) anuncio *(m)*
Anzeige (Polizei) denuncia *(w)*
anzünden prender
Apotheke farmacia *(w)*
Arbeit traballo *(m)*
arbeiten traballar
Arbeiter/-in traballador/-a
arm pobre
Arzt/Ärztin médico/a
atmen respirar
auch tamén
auch nicht tampouco
auf en
auf Wiedersehen ata logo
Aufenthalt estadía *(w)*
aufhören acabar
aufhören zu deixar de
aufstehen erguerse
aufwachen espertar
aus de
Ausfuhr exportación *(w)*
ausfüllen (Formular) cubrir
Ausgang saída *(w)*
ausgeben (Geld) gastar
ausgezeichnet estupendo/a
Auskunft información *(w)*
Ausland estranxeiro *(m)*
Ausländer/-in estranxeiro/a
ausländisch estranxeiro/a
Ausreise saída *(w)*
ausschalten apagar
Aussprache pronuncia *(w)*
aussteigen baixar
Ausstellung exposición *(w)*
ausziehen, sich espirse
Auto coche *(m)*
Autowerkstatt taller *(m)*

B

Bad baño *(m)*
Badeanzug traxe de baño *(m)*
Badehose bañador *(m)*
baden bañarse
Bahnhof estación de tren *(w)*
Bahnsteig andén *(m)*
bald axiña
Ball pelota *(w)*
Bank banco *(m)*
bar en efectivo
Baskenmütze boina *(w)*
Batterie pila *(w)*
bauen construír
Bauer/Bäuerin labrego/a
Baum árbore *(w)*
Baumwolle algodón *(m)*
beeilen, sich bulir
beenden rematar
begleiten acompañar
beglückwünschen felicitar
begrüßen saudar
behandeln tratar
Beispiel exemplo *(m)*
beißen morder
bekommen recibir
beleidigen ofender
benachrichtigen avisar
Benzin gasolina *(w)*
Berg monte *(m)*
Beruf profesión *(w)*
berühmt famoso/a
berühren tocar
beschweren, sich queixarse
besichtigen visitar
Besitzer/-in dono/a
besser mellor
bestellen pedir
Bestellung pedido *(m)*
bestrafen castigar
Besuch visita *(w)*
besuchen visitar
betrügen enganar
betrunken bébedo/a
Bett cama *(w)*
Bettzeug roupa da cama *(w)*
bevor antes de
bewegen mover
Beweis proba *(w)*
bezahlen pagar
Beziehung relación *(w)*
Bier cervexa *(w)*
Bild cadro *(m)*
billig barato/a
Binde compresa *(w)*
bis ata
bisschen, ein chisco, un
bitte por favor
bitten pedir
Blatt folla *(w)*
bleiben quedar
Bleistift lapis *(m)*
blond louro/a
Blume flor *(w)*
Blut sangue *(m)*
Boden chan *(m)*
Boot barco *(m)*
Botschaft (dipl.) embaixada *(w)*
Brand incendio *(m)*
Brauch costume *(m)*
brauchen necesitar
breit ancho/a
brennen arder
Brief carta *(w)*
Briefmarke selo *(m)*
Brieftasche carteira *(w)*
Briefumschlag sobre *(m)*
Brille lentes *(w, Mz)*
bringen traer
Brot pan *(m)*
Brücke ponte *(w)*
Bruder irmán *(m)*
Brust peito *(m)*
Buch libro *(m)*
buchen reservar
Buchstabe letra *(w)*
bügeln pasar o ferro
bunt colorido/a
Burg castelo *(m)*
Bürger/-in (Staats-) cidadán/cidadá
Büro oficina *(w)*
Bürste cepillo *(m)*
Bus autobús *(m)*

C

Campingplatz camping *(m)*
Chef/-in xefe/a
Computer ordenador *(m)*

D

da aí
Dach tellado *(m)*
damals daquela
damit para que
danach despois
danke grazas
danken agradecer
dann logo
darum por iso
dass que
Datum data *(w)*
dauern durar
Decke (Bett) manta *(w)*
dein/deine o teu/a túa
denken pensar
Denkmal monumento *(m)*
deutsch alemá/-n
Deutscher alemán *(m)*
Deutsche alemá *(w)*
Deutschland Alemaña
Dialekt dialecto *(m)*
dick groso/a
Diebstahl roubo *(m)*
dies isto
dieser/diese este/esta
Ding cousa *(w)*
Diskothek discoteca *(w)*
Dokument documento *(m)*
Dolmetscher/-in intérprete
Dorf aldea *(w)*
dort(hin) alá
draußen fóra
drinnen dentro
dringend urxente
drucken imprimir
drücken empurrar
du ti
dumm parvo/a
dunkel escuro/a
dunkelhaarig, -häutig moreno/a
dünn delgado/a
durch (hindurch) por
Durchfall diarrea *(w)*
dürfen poder
Durst sede *(w)*

E

echt auténtico/a
egal igual
Ehefrau muller *(w)*
Ehemann home *(m)*
Ehepaar matrimonio *(m)*
Ei ovo *(m)*
Eigentum propiedade *(w)*
Eile présa *(w)*
einfach simple, doado/a
Einfuhr importación *(w)*
Eingang entrada *(w)*
einige uns/unhas
einladen convidar
Einladung convite *(m)*
einmal unha vez
einschalten acender
einsteigen subir
eintreten entrar
Eintrittskarte entrada *(w)*
einverstanden de acordo
Einwohner/-in habitante
Eis xeo *(m)*
Eis (Speise-) xeado *(m)*
Eisenbahn ferrocarril *(m)*
Eiter pus *(m)*
Eltern pais *(m, Mz)*
Emigration emigración *(w)*
empfangen receber
empfehlen recomendar
Ende fin *(w)*
endlich por fin
eng estreito/a
englisch inglés
entscheiden decidir
entschuldigen, sich desculparse
er el
Erde terra *(w)*
Ereignis acontecemento *(m)*
Erfolg éxito *(m)*
erhalten recibir
erholen, sich descansar

erinnern, sich lembrarse
erkältet sein estar arrefriado/a
erklären explicar
erlauben permitir
Erlaubnis permiso *(m)*
Ermäßigung desconto *(m)*
Ersatzteil peza de recambio *(w)*
erzählen contar
Erzählung conto *(m)*
essen comer
Essen comida *(w)*
Etage andar *(m)*
etwa máis ou menos
etwas algo
euer/eure o voso/a vosa

F

Fabrik fábrica *(w)*
Faden fío *(m)*
Fähre transbordador *(m)*
fahren conducir, ir
Fahrer/-in condutor/a
Fahrkarte billete *(m)*
Fahrplan horario *(m)*
Fahrpreis tarifa *(w)*
Fahrrad bicicleta *(w)*
fallen caer
falsch falso/a
Familie familia *(w)*
Familienname apelido *(m)*
Farbe cor *(w)*
fast case
faul (träge) lacazán/lacazá
faul (Obst) podre
fehlen faltar
Fehler erro *(m)*, falta *(w)*
Feier celebración *(w)*
feiern celebrar
feilschen regatear
Feld campo *(m)*
Fenster xanela *(w)*
Ferien vacacións *(w, Mz)*
Ferienwohnung apartamento de verán *(m)*
Fernsehen televisión *(w)*
Fernsehgerät televisor *(m)*
fertig listo/a
fest fixo/a
Fest festa *(w)*
Fett graxa *(w)*
feucht húmido/a
Feuer lume *(m)*
Fieber febre *(w)*
Film película *(w)*
finden atopar
Finger dedo *(m)*
Fisch peixe *(m)*
fischen pescar
flach chan/cha
Flasche botella *(w)*
Fleisch carne *(w)*
fliegen voar
flirten ligar
Flug voo *(m)*
Flughafen aeroporto *(m)*
Flugticket billete de avión *(m)*
Flugzeug avión *(m)*
Fluss río *(m)*
Flüssigkeit líquido *(m)*
Formular impreso *(m)*
Fotoapparat cámara de fotos *(w)*
Fotografie fotografía *(w)*
fotografieren fotografar
Frage pregunta *(w)*
fragen preguntar
Frau muller *(w)*
frei libre
fremd estraño/a
freuen, sich alegrarse
Freund/-in amigo/a
freundlich amable
Freundschaft amizade *(w)*
Frieden paz *(w)*
frieren ter frío
frisch (Obst) fresco/a
Friseursalon perruquería *(w)*
fröhlich ledo/a
Frucht froito *(m)*
früh cedo

Frühling primavera *(w)*
Frühstück almorzo *(m)*
frühstücken almorzar
fühlen, sich sentirse
für para, por
fürchten, sich (vor) ter medo (a)

G

Gabel garfo *(m)*
Galicien Galicia
Galicier/-in galego/a
galicisch galego/a
ganz enteiro/a, todo/a
Garten xardín *(m)*, horta *(w)*
Gas gas *(m)*
Gasse ruela *(w)*
Gast hóspede
Gastfreundschaft hospitalidade *(w)*
Gastgeber/-in anfitrión/-a
Gebäck pastel *(m)*
Gebäude edificio *(m)*
geben dar
Gebirge montaña *(w)*
Gebühr taxa *(w)*
Geburtstag aniversario *(m)*
gefährlich perigoso/a
gefallen gustar
Gefängnis cárcere *(m)*
Gefäß recipiente *(m)*
Gefühl sentimento *(m)*
gegen contra
Gegend zona *(w)*
gegenüber en frente de
gehen ir, marchar, andar
Geld cartos *(m, Mz)*, diñeiro *(m)*
Geldstrafe multa *(w)*
Gemüse verdura *(w)*
gemütlich acolledor/-a
genau exacto/a
genug suficiente
Gepäck equipaxe *(w)*
geradeaus todo recto
Geruch olor *(m)*
Geschäft (Laden) tenda *(w)*
Geschenk agasallo *(m)*
Geschichte historia *(w)*
Geschmack sabor, gusto *(m)*
Geschwister irmáns *(m, Mz)*
Gesellschaft sociedade, compaña *(w)*
Gesetz lei *(w)*
Gespräch conversa *(w)*
gestern onte
gesund san/sá
Gesundheit saúde *(w)*
Getränk bebida *(w)*
Gewicht peso *(m)*
gewinnen gañar
Gewitter treboada *(w)*
gewöhnen, sich (an) afacerse (a)
Gewürz especia *(w)*
Gift veleno *(m)*
Gipfel cumio *(m)*
Glas (Trink-) vaso *(m)*
Glas (Material) vidro *(m)*
glauben crer
gleich igual
Glück felicidade, sorte *(w)*
glücklich feliz
Gold ouro *(m)*
Gott/Göttin deus/-a
Gramm gramo *(m)*
Grammatik gramática *(w)*
Gras herba *(w)*
gratulieren felicitar
Grenze fronteira *(w)*
Grippe gripe *(w)*
groß grande, alto/a
Größe tamaño *(m)*; **(Kleidung)** talla *(w)*
Großmutter avóa *(w)*
Großvater avó *(m)*
Gruppe grupo *(m)*
grüßen saudar
gültig válido/a
Gummi goma *(w)*
gut bo/boa (Adj.), ben (Adv.)

H

haben ter
Hafen porto *(m)*
Hahn galo *(m)*
Hälfte metade *(w)*
hallo ola
halten soster, deter
Haltestelle parada *(w)*
Handel negocio *(m)*
Handy móbil *(m)*
hart duro/a
Haus casa *(w)*
heben levantar
Heft caderno *(m)*
heiß quente
Heizung calefacción *(w)*
helfen axudar
hell claro/a
herausholen sacar
Herbst outono *(m)*
Herr señor *(m)*
herzlich cordial
heute hoxe
hier aquí
Hilfe axuda *(w)*
Himmel ceo *(m)*
Hinfahrt ida *(w)*
hinten atrás
hinter tras de
hinzufügen engadir
Hitze calor *(w)*
hoch alto/a
Hochzeit voda *(w)*
hoffen esperar
höflich educado/a
Holz madeira *(w)*
hören oír
Hotel hotel *(m)*
Huhn galiña *(w)*
Hund can *(m)*
Hunger fame *(w)*
Hygiene hixiene *(w)*

I

ich eu
ihr vós
ihr/ihre o seu/a súa
Ihr/Ihre o seu/a súa
immer sempre
impfen vacinar
in en, dentro de
inbegriffen incluído/a
Industrie industria *(w)*
Information información *(w)*
informieren, sich informarse
Insekt insecto *(m)*
Insel illa *(w)*
interessant interesante
interessieren, sich für interesarse por
international internacional
Internetcafé ciber *(m)*
irgendein/e algún/algunha
irren, sich equivocarse

J

ja si
Jahr ano *(m)*
Jahreszeit estación *(w)*
jährlich anual
jeder/jede cada (un/unha)
jedesmal cada vez
jemand alguén
jener/jene aquel/-a
jetzt agora
Journalist/-in xornalista
jung novo/a
Junge rapaz *(m)*

K

Kabel cable *(m)*
kalt frío/a
Kamm peite *(m)*
kaputt roto/a
Karte tarxeta *(w)*
Kasse caixa *(w)*
kassieren cobrar
Katze gato *(m)*
kaufen mercar
Kellner/-in camareiro/a

kennen (-lernen) coñecer
Kind neno/a
Kino cine *(m)*
Kirche igrexa *(w)*
Kleidung roupa *(w)*
klein pequeno/a
klug listo/a
Kneipe bar *(m)*
kochen cociñar, cocer, ferver
Koffer maleta *(w)*
kommen vir
kompliziert complicado/a
Kondom condón *(m)*
können poder
Konsulat consulado *(m)*
kontrollieren controlar
Konzert concerto *(m)*
Korb cesta *(w)*
Körper corpo *(m)*
kosten (probieren) catar
kosten (Preis) custar
kostenlos gratis
Kraft forza *(w)*
krank enfermo/a
Krankenhaus hospital *(m)*
Krankheit enfermidade *(w)*
Kreuz cruz *(w)*
Krieg guerra *(w)*
Krümel faragulla *(w)*
Küche cociña *(w)*
Kugelschreiber bolígrafo *(m)*
Kuh vaca *(w)*
kühl fresco/a
Kühlschrank neveira *(w)*
Kunst arte *(w)*
Kunstgewerbe artesanía *(w)*
kurz curto/a
Kuss bico *(m)*
küssen bicar

L

lächeln sorrir
lachen rir
Ladegerät cargador *(m)*
Lage situación *(w)*
Laken saba *(w)*
Lampe lámpada *(w)*
Land país *(m)*
Landkarte mapa *(m)*
Landschaft paisaxe *(w)*
Landstraße estrada *(w)*
Landwirtschaft agricultura *(w)*
lang longo/a
langsam (Adj.) lento/a
langsam (Adv.) a modo
langweilig aburrido/a
Lärm ruído *(m)*
lassen deixar
laufen, rennen correr
laut forte
leben vivir
Leben vida *(w)*
Lebensmittel alimentos *(m, Mz)*
ledig solteiro/a
leer baleiro/a
legen poñer
lehren ensinar
Lehrer/-in profesor/-a
leicht (nicht schwer) lixeiro/a
leider desafortunadamente
lernen aprender
lesen ler
letzter/letzte último/a
Leute xente *(w, Ez)*
Licht luz *(w)*
lieben amar, querer
Lied canción *(w)*
liegen estar deitado/a
links á esquerda
Liter litro *(m)*
Loch burato *(m)*
Löffel culler *(w)*
Lohn, Gehalt soldo *(m)*
Luft aire *(m)*
Lust ganas *(w, Mz)*
lügen mentir
lustig divertido/a

M

machen facer
Macho machista *(m)*
Macht poder *(m)*

Mädchen rapaza *(w)*
mal sehen a ver
malen pintar
manchmal ás veces
Mann home *(m)*
männlich masculino/a
Markt mercado *(m)*
Maschine máquina *(w)*
Medikament medicamento *(m)*
Meer mar *(m)*
mehr máis
mein/meine o meu/a miña
Menge, Quantität cantidade *(w)*
Mensch persoa *(w)*
merken, sich recordar
Messe (kath.) misa *(w)*
Messer coitelo *(m)*
mieten alugar
Minute minuto *(m)*
mit con
mitnehmen levar
Mittagessen xantar *(m)*
Mittag mediodía *(m)*
Möbel móbel *(m)*
Mode moda *(w)*
möglich posible
Monat mes *(m)*
Mond lúa *(w)*
morgen mañá
Morgen mañá *(w)*
Motor motor *(m)*
Motorboot motora *(w)*
Motorrad moto *(w)*
müde canso/a
Mühle muíño *(m)*
Müll lixo *(m)*
Museum museo *(m)*
Musik música *(w)*
müssen ter que
Mutter nai *(w)*
Mütze gorro *(m)*

N

nach (Richtung) a
nach (Zeit) despois de
Nachbar/-in veciño/a
Nachmittag tarde *(w)*
Nachricht mensaxe *(m)*, nova *(w)*
nächstes Mal a vindeira vez
Nacht noite *(w)*
nackt espido/a
Nadel agulla *(w)*
nah preto
nähen coser
Name nome *(m)*
nass mollado/a
Nationalität nacionalidade *(w)*
Natur natureza *(w)*
natürlich (nicht künstl.) natural
neben a carón de
nehmen tomar
nein non
nett simpático/a
neu novo/a
neugierig curioso/a
nicht non
nicht einmal nin tan só
nicht mehr xa non
nichts nada
niedrig baixo/a
niemals nunca
niemand ninguén
nirgendwo/-hin ningures
noch einmal outra vez
noch aínda
Norden Norte *(m)*
normal normal
notieren anotar
notwendig preciso/a
Nummer número *(m)*
nur só

O

ob se
oben arriba
Obst froita *(w)*
oder ou
öffnen abrir
oft decote
ohne sen
Öl aceite *(m)*
Organ órgano *(m)*
organisieren organizar
Ort lugar *(m)*

Osten Leste *(m)*
Österreich Austria
Österreicher/-in austríaco/a

P

paar (ein) algúns/algunhas
Paar parella *(w)*, par *(m)*
Paket paquete *(m)*
Panne avaría *(w)*
Papier papel *(m)*
Park parque *(m)*
parken aparcar
Parkplatz aparcadoiro *(m)*
Partner/-in parella *(w)*
Pass pasaporte *(m)*
Patient/-in paciente
Pause pausa *(w)*
Person persoa *(w)*
Personalausweis carné, DNI *(m)*
Pferd cabalo *(m)*
Pflanze planta *(w)*
Pflaster tirita *(w)*
Platz praza *(w)*
Platzkarte reserva *(w)*
plötzlich de súpeto
Politik política *(w)*
Polizei policía *(w)*
Post correo *(m)*
Postamt Correos
Postkarte postal *(w)*
Preis prezo *(m)*
Priester cura *(m)*
privat privado/a
probieren probar
Problem problema *(m)*
Programm programa *(m)*
Prospekt folleto *(m)*
Prüfung exame *(m)*
pünktlich puntual

Q

Qualität calidade *(w)*
Quelle fonte *(w)*

R

Rad roda *(w)*
Radiogerät radio *(w)*
rasieren, sich afeitarse
Rat consello *(m)*
Rauch fume *(m)*
rauchen fumar
Raum sala *(w)*
rechnen calcular
Rechnung conta *(w)*
Recht dereito *(m)*
recht haben levar razón
rechts á dereita
rechtzeitig a tempo
reden falar
Regen chuvia *(w)*
Regenschirm paraugas *(m)*
Regierung goberno *(m)*
registrieren rexistrar
regnen chover
reich rico/a
reif maduro/a
Reifen roda *(w)*
Reise viaxe *(w)*
Reisebüro axencia de viaxes *(w)*
Reiseführer guía *(w)*
Reiseleiter/-in guía
reisen viaxar
reparieren reparar
reservieren reservar
Restaurant restaurante *(m)*
Rettungswagen ambulancia *(w)*
richtig certo/a
Richtung dirección *(w)*
roh crú/crua
rothaarig roxo/a
Rückfahrt volta *(w)*
Rucksack mochila *(w)*
rufen, schreien berrar
Ruhe silencio *(m)*
ruhig tranquilo/a
rund redondo/a
runtergehen baixar

S

Sache cousa *(w)*
sagen dicir
Salbe pomada *(w)*
Salz sal *(m)*
sammeln coleccionar
Sand area *(w)*
satt cheo/a
Satz (Grammatik) frase *(w)*
sauber limpo/a
sauber machen limpar
sauer ácido/a
scharf picante
Schatten sombra *(w)*
Scheck cheque *(m)*
Scheiße merda *(w)*
Schere tesoira *(w)*
Scherz broma *(w)*
schicken, senden enviar
Schiff barco *(m)*
schlafen durmir
Schlafsack saco de durmir *(m)*
Schlafzimmer dormitorio *(m)*
Schlange (Tier) serpe *(w)*
Schlange stehen facer cola
schlagen pegar
schlecht (Adj.) malo/a
schlecht (Adv.) mal
schließen pechar
Schloss (Gebäude) castelo *(m)*
Schlüssel chave *(w)*
schmackhaft sabroso/a
Schmerz dor *(w)*
schmerzen doer
Schmuck xoias *(w, Mz)*
schmutzig sucio/a
Schnaps augardente *(w)*
schneiden cortar
schnell rápido/a
schon xa
schön lindo/a
schreiben escribir
Schuh zapato *(m)*
schulden deber
schuldig culpable
Schule colexio *(m)*
Schüler/-in alumno/a
schwanger embarazada
schweigen calar
Schweiz Suíza
Schweizer/-in suízo/a
schwer pesado/a
Schwester irmá *(w)*
schwierig difícil
schwimmen nadar
schwitzen suar
See lago *(m)*
sehen ver
Sehenswürdigkeit lugar de interese
Seide seda *(w)*
Seife xabón *(m)*
Seil corda *(w)*
sein ser, estar
sein/seine o seu/a súa
seit desde
Seite (Buch) páxina *(w)*
Seite (Richtg.) beira *(w)*
Sekunde segundo *(m)*
seltsam raro/a
selten rara vez
setzen, sich sentar
sicher seguro/a
sie (Ez.) ela
sie (Mz.) eles/elas
Sie (Ez.) vostede
Sie (Mz.) vostedes
Silber prata *(w)*
singen cantar
sitzen estar sentado/a
so así, tan
sofort de contado
Sohn fillo *(m)*
solch(e,er,es) tal
sollen deber
Sommer verán *(m)*
Sonne sol *(m)*
sparen aforrar
spät tarde
spazierengehen pasear
Speisekarte menú *(m)*
Speisesaal comedor *(m)*
Spiegel espello *(m)*
Spiel xogo *(m)*
spielen xogar

spielen (Instrument) tocar
Spielzeug xoguete *(m)*
Sport deporte *(m)*
Sprache lingua *(w)*
sprechen falar
springen saltar
Spritze xiringa *(w)*
Staatsangehörigkeit nacionalidade *(w)*
Stachel pincho *(m)*
Stadt cidade *(w)*
Stadtviertel barrio *(m)*
stark forte
stehen (Person) estar de pé
Stein pedra *(w)*
Stelle, Ort lugar *(m)*
stellen poñer
sterben morrer
Stern estrela *(w)*
Stil (Architektur) estilo *(m)*
Stimme voz *(w)*
Stockwerk andar *(m)*
Stoff tea *(w)*, tecido *(m)*
stören amolar
Strafe castigo *(m)*
Strand praia *(w)*
Straße rúa *(w)*
Straßenbahn tranvía *(m)*
Streichhölzer mistos *(m, Mz)*
Streik folga *(w)*
streiten rifar
Stück cacho *(m)*, peza *(w)*
Student/-in estudante
studieren estudar
Stuhl cadeira *(w)*
Stunde hora *(w)*
suchen buscar
Süden Sur *(m)*
Summe suma *(w)*
süß doce

T

Tabak tabaco *(m)*
Tablette pastilla *(w)*
Tag día *(m)*
täglich diario/a
Tal val *(m)*
Tankstelle gasolineira *(w)*
tanzen bailar
Tasche bolsa *(w)*
Taxi taxi *(m)*
Teil parte *(w)*
Telefon teléfono *(m)*
telefonieren telefonar
Teller prato *(m)*
teuer caro/a
Theater teatro *(m)*
tief fondo/a
Tier animal *(m)*
Tisch mesa *(w)*
Tochter filla *(w)*
Tod morte *(w)*
Toilette servizo *(m)*
Toilettenpapier papel hixiénico *(m)*
tot morto/a
töten matar
Tradition tradición *(w)*
tragen levar, cargar
träumen (von) soñar (con)
traurig triste
treffen (begegnen) topar con
Treppe escaleira *(w)*
trinken beber
Trinkgeld propina *(w)*
trocken seco/a
trocknen secar
tschüss abur, chao
tun facer
Tür porta *(w)*
Turm torre *(w)*

U

üben practicar
über sobre
über (zeitl.) máis de
überall en todas partes
überfallen atracar
übermorgen pasadomañá
übersetzen (Sprache) traducir

Übersetzer/-in tradutor/-a
Überweisung transferencia *(w)*
übrig sein sobrar
Uhr reloxo *(m)*
um zu ... para
Umgebung contorna *(w)*
Umleitung desvío *(m)*
umtauschen cambiar
Umweg rodeo *(m)*
Umwelt medio *(m)*
unbekannt descoñecido/a
und e
Unfall accidente *(m)*
ungefähr máis ou menos
Universität universidade *(w)*
unschuldig inocente
unser/unsere o noso/a nosa
unten abaixo
unter debaixo de
Unterhaltung diversión *(w)*
Unterkunft aloxamento *(m)*
unterrichten (lehren) ensinar
Unterschied diferencia *(w)*
unterschreiben asinar
Urlaub vacacións *(w, Mz)*

V

Valuta, Devisen divisas *(w, Mz)*
Vater pai *(m)*
verabreden (sich) quedar
Verabredung cita *(w)*
verabschieden, sich despedirse
verboten (sein) (ser) prohibido
Verbrechen crime *(m)*
verdienen gañar
vergessen esquecer
vergnügen, sich divertirse
verheiratet casado/a
verirren, sich perderse
verkaufen vender
verleihen (an) emprestar (a)
verletzt ferido/a
Verletzung lesión *(w)*
verlieben, sich namorar
verlieren (Dinge) perder
vermieten alugar
Vermittlung mediación *(w)*
Versicherung seguro *(m)*
verspäten, sich atrasarse
versprechen prometer
versprechen, sich trabucar
verstehen entender
versuchen tentar
Vertrag contrato *(m)*
Verwaltung administración *(w)*
verzeihen perdoar
viel moito/a
vielleicht quizais
Vogel paxaro *(m)*
Volk pobo *(m)*
voll cheo/a
von de
vor (örtl.) diante de
vor (zeitl.) antes de
vorbeigehen pasar
vorbereiten preparar
vorgestern antonte
vorher antes
Vormittag mañá *(w)*
Vorname nome *(m)*
vorne diante
vorschlagen propor
Vorsicht! Coidado!
vorstellen (Imagination) maxinar
vorstellen, sich presentarse
Vorwahlnummer prefixo *(m)*

W

W-LAN Wi-Fi *(m)*
Wagen carro *(m)*
Wahrheit verdade *(w)*

während durante
Wald bosque *(m)*
Wand parede *(w)*
wandern camiñar
wann cando
Ware mercadoría *(w)*
warm quente
warten agardar
warum por que
was que
waschen lavar
waschen, sich lavarse
Wasser auga *(w)*
Watte algodón *(m)*
wechseln cambiar
wecken espertar a
weder ... noch ... nin ... nin ...
Weg camiño *(m)*
wegen por mor de
wegwerfen botar
weiblich feminino/a
weich brando/a
weil porque
weinen chorar
weit lonxe
welcher/welche cal
Welt mundo *(m)*
wenig pouco/a
weniger menos
wenn (als) cando
wenn (falls) se
wer quen
werden pórse
Werkzeug ferramenta *(w)*
wert sein valer
Westen Oeste *(m)*
Wetter tempo *(m)*
wichtig importante
wie como
wieder de novo
wiederholen repetir
wiegen pesar
wieviel canto
Wind vento *(m)*
Winter inverno *(m)*
wir nós
wissen saber
wo onde
Woche semana *(w)*
woher de onde
wohin a onde
wohnen vivir
Wohnmobil autocaravana *(w)*
Wohnung piso *(m)*
Wohnwagen caravana *(w)*
Wolke nube *(w)*
wollen querer
Wort palabra *(w)*
Wörterbuch diccionario *(m)*
Wunde ferida *(w)*
Wunsch desexo *(m)*
wünschen desexar

Z

zahlen pagar
Zahnarzt dentista
Zahnpasta pasta de dentes *(w)*
zeichnen debuxar
zeigen amosar
Zeit tempo *(m)*
Zeitung xornal *(m)*
Zelt tenda de campaña *(w)*
Zentrum centro *(m)*
Zeuge/Zeugin testemuña *(w)*
ziehen tirar
ziemlich bastante
Zigarette pito *(m)*
Zimmer habitación *(w)*
Zoll alfándega *(w)*
zu a
zu (+ Adjektiv) demasiado
zu Fuß a pé
zufrieden contento/a
Zug tren *(m)*
zuhören escoitar
zurück de volta
zurückkehren voltar
zusammen xuntos/as
zuviel demasiado/a
Zweifel dúbida *(w)*
zwischen entre

Wörterliste Galicisch – Deutsch

A

a nach (Richtung), zu
a carón de neben
á dereita rechts
á esquerda links
a modo langsam (Adv.)
a onde wohin
a pé zu Fuß
a tempo rechtzeitig
a ver mal sehen
a vindeira vez nächstes Mal
abaixo unten
abrir öffnen
abur tschüß
aburrido/a langweilig
acabar aufhören
accidente *(m)* Unfall
aceite *(m)* Öl
acender anschalten, einschalten
ácido/a sauer
acolledor/-a gemütlich
acompañar begleiten
acontecimento *(m)* Ereignis
adaptador *(m)* Adapter
administración *(w)* Verwaltung
adrede absichtlich
aeroporto *(m)* Flughafen
afacerse (a) sich gewöhnen (an)
afeitarse sich rasieren
aforrar sparen
agardar warten
agasallo *(m)* Geschenk
agora jetzt
agradecer danken
agricultura *(w)* Landwirtschaft
agulla *(w)* Nadel
aí da
aínda noch
aire *(m)* Luft
alcol *(m)* Alkohol
aldea *(w)* Dorf
alegrarse sich freuen
alemá/-n deutsch
alemá *(w)* Deutsche
alemán *(m)* Deutscher
Alemaña Deutschland
alfándega *(w)* Zoll
algo etwas
algodón *(m)* Watte; Baumwolle
alguén jemand
algún/algunha irgendein/e
algúns/algunhas paar (ein)
alá dort(hin)
alimentos *(m, Mz)* Lebensmittel
almorzar frühstücken
almorzo *(m)* Frühstück
aloxamento *(m)* Unterkunft
alto/a hoch
alugar mieten, vermieten
alumno/a Schüler/-in
amable freundlich
amar lieben
ambulancia *(w)* Rettungswagen
amigo/a Freund/-in
amizade *(w)* Freundschaft
amolar stören, belästigen
amosar zeigen
ancho/a breit
andar *(m)* Etage, Stockwerk
andar gehen
andén *(m)* Bahnsteig
anfitrión/-a Gastgeber/-in
animal *(m)* Tier
aniversario *(m)* Geburtstag
ano *(m)* Jahr

anotar notieren
antes vorher
antes de vor, bevor (zeitl.)
antonte vorgestern
anual jährlich
anuncio *(m)* Anzeige (Zeitung)
apagar ausschalten
aparcadoiro *(m)* Parkplatz
aparcar parken
apartamento de verán *(m)* Ferienwohnung
apelido *(m)* Familienname
aprender lernen
aquel/-a jener/jene
aquí hier
árbore *(w)* Baum
arder brennen
area *(w)* Sand
arriba oben
arte *(w)* Kunst
artesanía *(w)* Kunstgewerbe
ás veces manchmal
así so
asinar unterschreiben
ata bis
ata logo auf Wiedersehen
atopar finden
atracar überfallen
atrás hinten
atrasarse sich verspäten
auga *(w)* Wasser
augardente *(w)* Schnaps
Austria Österreich
austríaco/a Österreicher/-in
auténtico/a echt
autobús *(m)* Bus
autocaravana *(w)* Wohnmobil
avaría *(w)* Panne
avión *(m)* Flugzeug
avisar benachrichtigen
avó *(m)* Großvater
avóa *(w)* Großmutter
avogado/a Anwalt/Anwältin
axencia de viaxes *(w)* Reisebüro
axiña bald
axuda *(w)* Hilfe
axudar helfen

B

bailar tanzen
baixar runtergehen, aussteigen
baixo/a niedrig
baleiro/a leer
banco *(m)* Bank
bañador *(m)* Badehose
bañarse baden
baño *(m)* Bad
bar *(m)* Kneipe
barato/a billig
barco *(m)* Boot; Schiff
barrio *(m)* Stadtviertel
bastante ziemlich
bébedo/a betrunken
beber trinken
bebida *(w)* Getränk
beira *(w)* Seite (Richtung)
ben gut (Adv.)
berrar rufen, schreien
bicar küssen
bicicleta *(w)* Fahrrad
bico *(m)* Kuss
billete *(m)* Fahrkarte
billete de avión *(m)* Flugticket
bo/boa gut (Adj.)
boina *(w)* Baskenmütze
bolígrafo *(m)* Kugelschreiber
bolsa *(w)* Tasche
bosque *(m)* Wald
botar wegwerfen
botella *(w)* Flasche
brando/a weich
broma *(w)* Scherz
bulir beeilen, sich
burato *(m)* Loch
buscar suchen

C

cá als (Vergleich)
cabalo *(m)* Pferd
cable *(m)* Kabel
cacho *(m)* Stück
cada vez jedesmal
cada (un/unha) jeder/jede
cadeira *(w)* Stuhl
caderno *(m)* Heft
cadro *(m)* Bild
caer fallen
caixa *(w)* Kasse
cal welcher/welche
calar schweigen
calcular rechnen
calefacción *(w)* Heizung
calidade *(w)* Qualität
calor *(w)* Hitze
cama *(w)* Bett
cámara de fotos *(w)* Fotoapparat
camareiro/a Kellner/-in
cambiar wechseln; umtauschen
camiñar wandern
camiño *(m)* Weg
camping *(m)* Campingplatz
campo *(m)* Feld
can *(m)* Hund
canción *(w)* Lied
cando wann; wenn; als
canso/a müde
cantar singen
cantidade *(w)* Menge, Quantität
canto wieviel
caravana *(w)* Wohnwagen
cárcere *(m)* Gefängnis
cargador Ladegerät *(m)*
cargar tragen
carne *(w)* Fleisch
carné, DNI *(m)* Personalausweis
caro/a teuer
carro *(m)* Wagen
carta *(w)* Brief
carteira *(w)* Brieftasche
cartos *(m, Mz)* Geld
casa *(w)* Haus
casado/a verheiratet
case fast
castelo *(m)* Burg; Schloss
castigar bestrafen
castigo *(m)* Strafe
catar kosten (probieren)
cea *(w)* Abendessen
cedo früh
celebración *(w)* Feier
celebrar feiern
centro *(m)* Zentrum
ceo *(m)* Himmel
cepillo *(m)* Bürste
certo/a richtig
cervexa *(w)* Bier
cesta *(w)* Korb
chamar por teléfono anrufen
chan *(m)* Boden
chan/cha flach
chao tschüss
chave *(w)* Schlüssel
chegada *(w)* Ankunft
chegar ankommen
cheo/a voll; satt
cheque *(m)* Scheck
chisco, un bisschen, ein
chorar weinen
chover regnen
chuvia *(w)* Regen
ciber *(m)* Internetcafé
cidadán/cidadá (Staats-)Bürger/-in
cidade *(w)* Stadt
cine *(m)* Kino
cita *(w)* Verabredung
claro/a hell
cobrar kassieren
coche *(m)* Auto
cociña *(w)* Küche
cociñar kochen
Coidado! Vorsicht!
coitelo *(m)* Messer
coleccionar sammeln
colexio *(m)* Schule
colorido/a bunt

comedor *(m)* Speisesaal
comer essen
comezar anfangen
comida *(w)* Essen
como wie
complicado/a kompliziert
compresa *(w)* Damenbinde
con mit
concerto *(m)* Konzert
condón *(m)* Kondom
conducir, ir fahren
condutor/a Fahrer/-in
consello *(m)* Rat
construír bauen
consulado *(m)* Konsulat
conta *(w)* Rechnung
contar erzählen
contento/a zufrieden
conto *(m)* Erzählung
contorna *(w)* Umgebung
contra gegen
contrato *(m)* Vertrag
controlar kontrollieren
conversa *(w)* Gespräch
convidar einladen
convite *(m)* Einladung
coñecer kennen(-lernen)
cor *(w)* Farbe
corda *(w)* Seil
cordial herzlich
corpo *(m)* Körper
correo *(m)* Post
Correos Postamt
correr laufen, rennen
cortar schneiden
coser nähen
costume *(m)* Brauch
cousa *(w)* Ding, Sache
crer glauben
crime *(m)* Verbrechen
crú/crua roh
cruz *(w)* Kreuz
cubrir ausfüllen (Formular)
culler *(w)* Löffel
culpable schuldig
cumio *(m)* Gipfel
cura *(m)* Priester
curioso/a neugierig
curto/a kurz
custar kosten (Preis)

D

daquela damals, also
dar geben
data *(w)* Datum
de von; aus
de acordo einverstanden
de contado sofort
de novo wieder
de onde woher
de súpeto plötzlich
de volta zurück
debaixo de unter
deber schulden; sollen
debuxar zeichnen
decidir entscheiden
decote oft
dedo *(m)* Finger
deixar lassen
deixar de aufhören zu
delgado/a dünn
demasiado zu (+ Adjektiv)
demasiado/a zuviel
dentista Zahnarzt/-ärztin
dentro drinnen
dentro de in
denuncia *(w)* Anzeige (Polizei)
deporte *(m)* Sport
dereito *(m)* Recht
desafortunadamente leider
descansar sich erholen
desconto *(m)* Ermäßigung
descoñecido/a unbekannt
desculparse sich entschuldigen
desde seit
desexar wünschen
desexo *(m)* Wunsch
despedirse sich verabschieden
despois danach
despois de nach (Zeit)
desvío *(m)* Umleitung
deter halten

deus/-a Gott/Göttin
día *(m)* Tag
diante vorne
diante de vor (örtlich)
diario/a täglich
diarrea *(w)* Durchfall
diccionario *(m)* Wörterbuch
dicir sagen
diferencia *(w)* Unterschied
difícil schwierig
diñeiro *(m)* Geld
dirección *(w)* Richtung
diversión *(w)* Unterhaltung
divertido/a lustig
divertirse sich vergnügen
divisas *(w, Mz)* Valuta, Devisen
doado/a einfach
doce süß
documento *(m)* Dokument
doer schmerzen
dono/a Besitzer/-in
dor *(w)* Schmerz
dormitorio *(m)* Schlafzimmer
durante während
durar dauern
durmir schlafen
duro/a hart
dúbida *(w)* Zweifel

E

e und
edificio *(m)* Gebäude
educado/a höflich
el/ela er/sie
eles/elas sie (Mz.)
embaixada *(w)* Botschaft (dipl.)
embarazada schwanger
emigración *(w)* Emigration
empregado/a Angestellte/r
emprestar (a) verleihen (an)
empurrar drücken
en auf; in
en efectivo bar
en frente de gegenüber
en todas partes überall
enderezo *(m)* Adresse
enfermidade *(w)* Krankheit
enfermo/a krank
engadir hinzufügen
enganar betrügen
ensinar lehren, unterrichten
enteiro/a ganz
entender verstehen
entrada *(w)* Eingang; Eintrittskarte
entrar eintreten
entre zwischen
enviar schicken, senden
equipaxe *(w)* Gepäck
equivocarse sich irren
erguerse aufstehen
erro *(m)* Fehler
escaleira *(w)* Treppe
escoitar zuhören
escribir schreiben
escuro/a dunkel
especia *(w)* Gewürz
espello *(m)* Spiegel
esperar hoffen
espertar aufwachen
espertar a wecken
espido/a nackt
espirse sich ausziehen
esquecer vergessen
estación *(w)* Jahreszeit
estación de tren *(w)* Bahnhof
estadía *(w)* Aufenthalt
estar sein
estar deitado/a liegen
estar de pé stehen (Person)
estar arrefriado/a erkältet sein
estar sentado/a sitzen
este/esta dieser/diese
estilo *(m)* Stil (Architektur)
estrada *(w)* Landstraße
estranxeiro/a ausländisch; Ausländer/-in

estranxeiro *(m)* Ausland
estraño/a fremd
estreito/a eng
estrela *(w)* Stern
estudante Student/-in
estudar studieren
estupendo/a ausgezeichnet
eu ich
exacto/a genau
exame *(m)* Prüfung
exemplo *(m)* Beispiel
éxito *(m)* Erfolg
explicar erklären
exportación *(w)* Ausfuhr
exposición *(w)* Ausstellung

F

fábrica *(w)* Fabrik
facer machen, tun
facer cola Schlange stehen
falar reden, sprechen
falso/a falsch
falta *(w)* Fehler
faltar fehlen
fame *(w)* Hunger
familia *(w)* Familie
famoso/a berühmt
faragulla *(w)* Krümel
farmacia *(w)* Apotheke
febre *(w)* Fieber
felicidade Glück
felicitar gratulieren
feliz glücklich
feminino/a weiblich
ferida *(w)* Wunde
ferido/a verletzt
ferramenta *(w)* Werkzeug
ferrocarril *(m)* Eisenbahn
ferver kochen
festa *(w)* Fest
fillo/a Sohn/Tochter
fin *(w)* Ende
fío *(m)* Faden
fixo/a fest
flor *(w)* Blume
folga *(w)* Streik
folla *(w)* Blatt
folleto *(m)* Prospekt
fondo/a tief
fonte *(w)* Quelle
fóra draußen
forte stark; laut
forza *(w)* Kraft
fotografar fotografieren
fotografía *(w)* Fotografie
frase *(w)* Satz (Grammatik)
fresco/a kühl; frisch
frío/a kalt
froita *(w)* Obst
froito *(m)* Frucht
fronteira *(w)* Grenze
fumar rauchen
fume *(m)* Rauch

G

galego/a galicisch; Galicier/-in
Galicia Galicien
galiña *(w)* Huhn
galo *(m)* Hahn
ganas *(w, Mz)* Lust
gañar verdienen; gewinnen
garfo *(m)* Gabel
gas *(m)* Gas
gasolina *(w)* Benzin
gasolineira *(w)* Tankstelle
gastar ausgeben (Geld)
gato *(m)* Katze
goberno *(m)* Regierung
goma *(w)* Gummi
gorro *(m)* Mütze
gramo *(m)* Gramm
grande groß
gratis kostenlos
graxa *(w)* Fett
grazas danke
gripe *(w)* Grippe
groso/a dick
grupo *(m)* Gruppe
guerra *(w)* Krieg
guía Reiseleiter/-in; Reiseführer
gustar gefallen
gusto *(m)* Geschmack

H

habitación *(w)* Zimmer
habitante Einwohner/-in
herba *(w)* Gras
historia *(w)* Geschichte
hixiene *(w)* Hygiene
home *(m)* Mann; Ehemann
hora *(w)* Stunde
horario *(m)* Fahrplan
horta *(w)* Garten
hóspede Gast
hospital *(m)* Krankenhaus
hospitalidade *(w)* Gastfreundschaft
hoxe heute
húmido/a feucht

I

ida *(w)* Hinfahrt
idade *(w)* (Lebens-)Alter
igrexa *(w)* Kirche
igual gleich; egal
illa *(w)* Insel
importación *(w)* Einfuhr
importante wichtig
impreso *(m)* Formular
imprimir drucken
incendio *(m)* Brand
incluído/a inbegriffen
industria *(w)* Industrie
información *(w)* Auskunft
informarse sich informieren
inglés englisch
inocente unschuldig
insecto *(m)* Insekt
interesante interessant
interesarse por sich interessieren für
internacional international
intérprete Dolmetscher/-in
inverno *(m)* Winter
ir gehen
irmá *(w)* Schwester
irmán *(m)* Bruder
irmáns *(m, Mz)* Geschwister
isto dies

L

labrego/a Bauer/Bäuerin
lacazán/lacazá faul (träge)
lago *(m)* See
lámpada *(w)* Lampe
lapis *(m)* Bleistift
lavar(se) (sich) waschen
ledo/a fröhlich
lei *(w)* Gesetz
lembrarse sich erinnern
lentes *(w, Mz)* Brille
lento/a langsam (Adj.)
ler lesen
lesión *(w)* Verletzung
Leste *(m)* Osten
letra *(w)* Buchstabe
levantar heben
levar mitnehmen; tragen
levar razón recht haben
libre frei
libro *(m)* Buch
ligar flirten
limpar sauber machen
limpo/a sauber
lindo/a schön
lingua *(w)* Sprache
líquido *(m)* Flüssigkeit
listo/a klug; fertig
litro *(m)* Liter
lixeiro/a leicht (nicht schwer)
lixo *(m)* Müll
logo dann
longo/a lang
lonxe weit
louro/a blond
lúa *(w)* Mond
lugar *(m)* Stelle, Ort
lugar de interese *(m)* Sehenswürdigkeit
lume *(m)* Feuer
luz *(w)* Licht

M

machista *(m)* Macho
madeira *(w)* Holz
maduro/a reif
máis mehr
máis de über (zeitl.)
máis ou menos etwa, ungefähr
mal schlecht (Adv.)
maleta *(w)* Koffer
malo/a schlecht (Adj.)
manta *(w)* Decke (Bett)
mañá morgen
mañá *(w)* Morgen, Vormittag
mapa *(m)* Landkarte
máquina *(w)* Maschine
mar *(m)* Meer
marchar gehen; abreisen
masculino/a männlich
matar töten
matrimonio *(m)* Ehepaar
maxinar vorstellen (Imagination)
mediación *(w)* Vermittlung
medicamento *(m)* Medikament
médico/a Arzt/Ärztin
medio *(m)* Umwelt
mediodía *(m)* Mittag
medo *(m)* Angst
mellor besser
menos weniger
mensaxe *(m)* Nachricht
mentir lügen
menú *(m)* Speisekarte
mercado *(m)* Markt
mercadoría *(w)* Ware
mercar kaufen
merda *(w)* Scheiße
mes *(m)* Monat
mesa *(w)* Tisch
metade *(w)* Hälfte
minuto *(m)* Minute
misa *(w)* Messe (kath.)
mistos *(m, Mz)* Streichhölzer
móbel *(m)* Möbel
móbil Handy *(m)*
mochila *(w)* Rucksack
moito/a viel
mollado/a nass
montaña *(w)* Gebirge
monte *(m)* Berg
monumento *(m)* Denkmal
morder beißen
moreno/a dunkelhaarig, -häutig
morrer sterben
morte *(w)* Tod
morto/a tot
moto *(w)* Motorrad
motor *(m)* Motor
motora *(w)* Motorboot
mover bewegen
muíño *(m)* Mühle
muller *(w)* Frau; Ehefrau
multa *(w)* Geldstrafe
mundo *(m)* Welt
museo *(m)* Museum
música *(w)* Musik

N

nacionalidade *(w)* Staatsangehörigkeit
nada nichts
nadar schwimmen
nai *(w)* Mutter
namorar sich verlieben
natural natürlich (nicht künstl.)
natureza *(w)* Natur
necesitar brauchen
negocio *(m)* Handel
neno/a Kind
neveira *(w)* Kühlschrank
nin ... nin ... weder ... noch ...
nin tan só nicht einmal
ninguén niemand
ningures nirgendwo/-hin
noite *(w)* Nacht
nome *(m)* (Vor-)name
non nicht, nein
normal normal
Norte *(m)* Norden
nós wir

nova *(w)* Nachricht, Neuigkeit
novo/a neu; jung
nube *(w)* Wolke
número *(m)* Nummer
nunca niemals

O

Oeste *(m)* Westen
ofender beleidigen
oficina *(w)* Büro
oír hören
ola hallo
olor *(m)* Geruch
onde wo
onte gestern
ordenador *(m)* Computer
organizar organisieren
órgano *(m)* Organ; Orgel
ou oder
ouro *(m)* Gold
outono *(m)* Herbst
outra vez noch einmal
ovo *(m)* Ei

P

paciente Patient/-in
pagar (be)zahlen
pai *(m)* Vater
pais *(m, Mz)* Eltern
país *(m)* Land
paisaxe *(w)* Landschaft
palabra *(w)* Wort
pan *(m)* Brot
papel (hixiénico) *(m)* (Toiletten-)Papier
paquete *(m)* Paket
par *(m)* Paar
para für; um zu ...
para que damit
parada *(w)* Haltestelle
parar anhalten
paraugas *(m)* Regenschirm
parede *(w)* Wand
parella *(w)* Partner/-in; Paar
parque *(m)* Park
parte *(w)* Teil
partir abreisen
parvo/a dumm
pasadomañá übermorgen
pasaporte *(m)* Pass
pasar vorbeigehen
pasar o ferro bügeln
pasear spazierengehen
pasta de dentes *(w)* Zahnpasta
pastel *(m)* Gebäck
pastilla *(w)* Tablette
pausa *(w)* Pause
paxaro *(m)* Vogel
páxina *(w)* Seite (Buch)
paz *(w)* Frieden
pechar schließen
pedido *(m)* Bestellung
pedir bitten; bestellen
pedra *(w)* Stein
pegar schlagen
peite *(m)* Kamm
peito *(m)* Brust
peixe *(m)* Fisch
película *(w)* Film
pelota *(w)* Ball
pensar denken
pequeno/a klein
perder verlieren
perderse sich verirren
perdoar verzeihen
perigoso/a gefährlich
permiso *(m)* Erlaubnis
permitir erlauben
pero aber
perruquería *(w)* Friseursalon
persoa *(w)* Mensch; Person
pesado/a schwer (nicht leicht)
pesar wiegen
pescar fischen
peso *(m)* Gewicht
peza *(w)* Stück
peza de recambio *(w)* Ersatzteil
picante scharf
pila *(w)* Batterie
pincho *(m)* Stachel
pintar malen

piso *(m)* Wohnung
pito *(m)* Zigarette
planta *(w)* Pflanze
pobre arm
poder dürfen; können
poder *(m)* Macht
podre faul (Obst)
policía *(w)* Polizei
política *(w)* Politik
pomada *(w)* Salbe
ponte *(w)* Brücke
poñer legen; stellen
por für; durch (hindurch)
por favor bitte
por fin endlich
por iso darum
por mor de wegen
por que warum
porque weil
pórse werden
porta *(w)* Tür
porto *(m)* Hafen
posible möglich
postal *(w)* Postkarte
pouco/a wenig
pobo *(m)* Volk
practicar üben
praia *(w)* Strand
prata *(w)* Silber
prato *(m)* Teller
praza *(w)* Platz
preciso/a notwendig
prefixo *(m)* Vorwahlnummer
pregunta *(w)* Frage
preguntar fragen
prender anzünden
preparar vorbereiten
présa *(w)* Eile
presentarse sich vorstellen
preto nah
prezo *(m)* Preis
primavera *(w)* Frühling
privado/a privat
proba *(w)* Beweis
probar probieren
problema *(m)* Problem
profesión *(w)* Beruf
profesor/-a Lehrer/-in
programa *(m)* Programm
prohibido verboten
prometer versprechen
pronuncia *(w)* Aussprache
propiedade *(w)* Eigentum
propina *(w)* Trinkgeld
propor vorschlagen
puntual pünktlich
pus *(m)* Eiter

Q

que dass; was
quedar (sich) verabreden; bleiben
queixarse sich beschweren
quen wer
quente heiß, warm
querer wollen; lieben
quizais vielleicht

R

radio *(w)* Radiogerät
rapaz *(m)* Junge
rapaza *(w)* Mädchen
rápido/a schnell
rara vez selten
raro/a seltsam
recado *(m)* Nachricht
recibir bekommen; empfangen
recipiente *(m)* Gefäß
recomendar empfehlen
recordar sich merken
recordo *(m)* Andenken
redondo/a rund
regatear feilschen
relación *(w)* Beziehung
reloxo *(m)* Uhr
rematar beenden
remolcar abschleppen
reparar reparieren
repetir wiederholen
reserva *(w)* Platzkarte
reservar buchen; reservieren
respirar atmen
responder antworten

resposta *(w)* Antwort
restaurante *(m)* Restaurant
rexistrar registrieren
rico/a reich
rifar streiten
río *(m)* Fluss
rir lachen
roda *(w)* Rad; Reifen
rodeo *(m)* Umweg
roto/a kaputt
roubo *(m)* Diebstahl
roupa *(w)* Kleidung
roupa da cama *(w)* Bettzeug
roxo/a rothaarig
rúa *(w)* Straße
ruela *(w)* Gasse
ruído *(m)* Lärm

S

saba *(w)* Laken
saber wissen
sabor *(m)* Geschmack
sabroso/a schmackhaft
sacar herausholen
saco de durmir *(m)* Schlafsack
saída *(w)* Ausgang; Ausreise
saír abfahren; abfliegen
sal *(m)* Salz
sala *(w)* Raum
saltar springen
san/sá gesund
sangue *(m)* Blut
saudar (be)grüßen
saúde *(w)* Gesundheit
se wenn (falls), ob
secar trocknen
seco/a trocken
seda *(w)* Seide
sede *(w)* Durst
segundo *(m)* Sekunde
seguro *(m)* Versicherung
seguro/a sicher
selo *(m)* Briefmarke
semana *(w)* Woche
sempre immer
sen ohne
sentar sich setzen
sentimento *(m)* Gefühl
sentirse sich fühlen
señor *(m)* Herr
ser sein
serán *(m)* Abend
serpe *(w)* Schlange (Tier)
servizo *(m)* Toilette
si ja
silencio *(m)* Ruhe
simpático/a nett
simple einfach
situación *(w)* Lage
so/soa allein
só nur
sobrar übrig sein
sobre über
sobre *(m)* Briefumschlag
sociedade *(w)* Gesellschaft
sol *(m)* Sonne
soldo *(m)* Lohn, Gehalt
solteiro/a ledig
sombra *(w)* Schatten
soñar (con) träumen (von)
sorrir lächeln
sorte *(w)* Glück
soster halten
suar schwitzen
subir einsteigen
sucio/a schmutzig
suficiente genug
Suíza Schweiz
suízo/a Schweizer/-in
suma *(w)* Summe
Sur *(m)* Süden

T

tabaco *(m)* Tabak
tal solch(e,er,es)
talla *(w)* Größe (Kleidung u. ä.)
taller *(m)* Autowerkstatt
tamaño *(m)* Größe
tamén auch
tampouco auch nicht
tarde spät

tarde *(w)* Nachmittag
tarifa *(w)* Fahrpreis
tarxeta *(w)* Karte
taxa *(w)* Gebühr
taxi *(m)* Taxi
tea *(w)*, **tecido** *(m)* Stoff
teatro *(m)* Theater
telefonar telefonieren
teléfono *(m)* Telefon
televisión *(w)* Fernsehen
televisor *(m)* Fernsehgerät
tellado *(m)* Dach
tempo *(m)* Wetter; Zeit
tenda *(w)* Geschäft (Laden)
tenda de campaña *(w)* Zelt
tentar versuchen
ter haben
ter frío frieren
ter medo (a) sich fürchten (vor)
ter que müssen
terra *(w)* Erde
tesoira *(w)* Schere
testemuña *(w)* Zeuge/Zeugin
ti du
tirar ziehen
tirita *(w)* Pflaster
tocar berühren; spielen (Instrument)
todo alles
todo recto geradeaus
tomar nehmen
topar con treffen (begegnen)
torre *(w)* Turm
traballador/-a Arbeiter/-in
traballar arbeiten
traballo *(m)* Arbeit
trabucar sich versprechen
tradición *(w)* Tradition
traducir übersetzen (Sprache)
tradutor/-a Übersetzer/-in
traer bringen
tranquilo/a ruhig
transbordador *(m)* Fähre
transferencia *(w)* Überweisung
tranvía *(m)* Straßenbahn
tras de hinter
tratar behandeln
traxe de baño *(m)* Badeanzug
treboada *(w)* Gewitter
tren *(m)* Zug
triste traurig

U

último/a letzter/letzte
unha vez einmal
universidade *(w)* Universität
uns/unhas einige
urxente dringend

V, W

vaca *(w)* Kuh
vacacións *(w, Mz)* Urlaub, Ferien
vacinar impfen
val *(m)* Tal
valer wert sein
válido/a gültig
vaso *(m)* (Trink-)Glas
veciño/a Nachbar/-in
veleno *(m)* Gift
vello/a alt
vello/a Alter/Alte
vender verkaufen
vento *(m)* Wind
ver sehen
verán *(m)* Sommer
verdade *(w)* Wahrheit
verdura *(w)* Gemüse
viaxar reisen
viaxe *(w)* Reise
vida *(w)* Leben
vidro *(m)* Glas (Material)

vir kommen
visita *(w)* Besuch
visitar besichtigen; besuchen
vivir leben, wohnen
voar fliegen
voda *(w)* Hochzeit
volta *(w)* Rückfahrt
voltar zurückkehren
voo *(m)* Flug
vós ihr
vostede Sie (Ez.)
vostedes Sie (Mz.)
voz *(w)* Stimme
Wi-Fi *(m)* W-LAN

X

xa schon
xa non nicht mehr
xabón *(m)* Seife
xanela *(w)* Fenster
xantar *(m)* Mittagessen
xardín *(m)* Garten
xeado *(m)* Eis (Speise-)
xefe/a Chef/-in
xente *(w, Ez)* Leute
xeo *(m)* Eis
xiringa *(w)* Spritze
xogar spielen
xogo *(m)* Spiel
xoguete *(m)* Spielzeug
xoias *(w, Mz)* Schmuck
xornal *(m)* Zeitung
xornalista Journalist/-in
xuntos/as zusammen

Z

zapato *(m)* Schuh
zona *(w)* Gegend

Ourense

Die Autoren

David Casado-Neira stammt aus Vigo und hat in Madrid und Finnland Anthropologie studiert. Zur Zeit lebt er in Tübingen und Ourense, wo er als Dozent am Fachbereich für Soziologie der Universität Vigo tätig ist. „Auf Galicisch ist alles viel schöner, toller und schmeckt besser. Ehrlich!"

Katharina Diestelmeier hat Germanistik, Hispanistik und Geschichte studiert, unter anderem in Santiago de Compostela, wo sie die galicische Sprache kennen und lieben gelernt hat. Anschließend arbeitete sie mehrere Jahre als Lektorin und lebt inzwischen als freiberufliche Literaturübersetzerin in Tübingen.